珍藏本
纪念版

汉译世界学术名著丛书

历史理性批判文集

〔德〕康德 著

何兆武 译

2017年·北京

汉译世界学术名著丛书
（120年纪念版·珍藏本）
出版说明

2017年2月11日，商务印书馆迎来120岁的生日。120年前，商务印书馆前贤怀揣文化救国的理想，抱持“昌明教育，开启民智”的使命，立足本土，放眼寰宇，以出版为津梁，沟通中西，为中国、为世界提供最富智慧的思想文化成果。无论世事白云苍狗，潮流左右激荡，甚至战火硝烟弥漫，始终践行学术报国之志，无改初心。

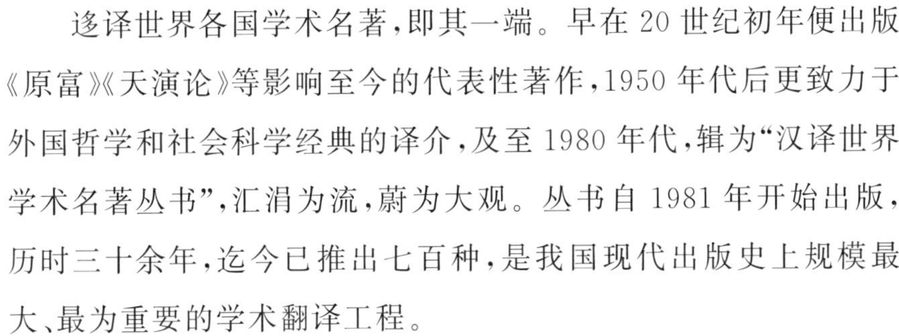

迻译世界各国学术名著，即其一端。早在20世纪初年便出版《原富》《天演论》等影响至今的代表性著作，1950年代后更致力于外国哲学和社会科学经典的译介，及至1980年代，辑为“汉译世界学术名著丛书”，汇涓为流，蔚为大观。丛书自1981年开始出版，历时三十余年，迄今已推出七百种，是我国现代出版史上规模最大、最为重要的学术翻译工程。

丛书所选之书，立场观点不囿于一派，学科领域不限于一门，皆为文明开启以来，各时代、各国家、各民族的思想与文化精粹，代表着人类已经到达过的精神境界。丛书系统译介世界学术经典，引领时代思想，为本土原创学术的发展提供丰富的文化滋养，为推动中国现代学术和现代化进程做出了突出的贡献。

为纪念商务印书馆成立120周年，我们整体推出“汉译世界学术名著丛书”120年纪念版的珍藏本，寄望既利于文化积累，又便于研读查考，同时向长期支持丛书出版的译者、编者和读者致以敬意。

两甲子后的今天，商务印书馆又站在了一个新的历史时间节点上。我们不仅要铭记先辈的身影和足迹，更须让我们的步伐充满新的时代精神。这是商务人代代相传的事业，更是与国家和民族的命运始终紧密相连的事业。我们责无旁贷，必须做好我们这代人的传承与创造，让我们的努力和成果不仅凝聚成民族文化的记忆，还能成为后来人可以接续的事业。唯此，才能不负前贤，无愧来者。

商务印书馆编辑部

2017年10月

译　序

本书收康德于 1784—1797 年间(60 岁至 73 岁)所写的论文八篇,包括康德有关历史哲学和政治哲学的全部主要著作在内。

18 世纪末的德国比起同时期的西方先进国家来,仍然是个分裂、落后的国家;资本主义生产关系虽然已在发展,但仍苦于封建制度的严重束缚。这就决定了德国中产阶级的特殊软弱性。当英国已经和法国正在采取革命行动推翻封建制度的时候,德国还只采取理论的形式。因此在论及由康德奠基的德国古典哲学时,经典作家指出:"在法国发生政治革命的同时,德国发生了哲学革命。这个革命是由康德开始的。"①

18 世纪的 70 年代以前,康德从事多方面自然科学的研究,具有唯物主义倾向和辩证法因素;特别是 1755 年的《自然通史和天体理论》(或作《宇宙发展史概论》)一书,运用牛顿的经典力学原理,提出了关于太阳系演化的学说(即星云说),对长期以来在科学思想上占统治地位的僵化的自然观"打开第一个缺口"。② 这个学说于 1796 年被拉普拉斯(1749—1827 年)重新提出,开始产生广

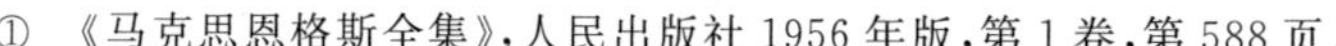

① 《马克思恩格斯全集》,人民出版社 1956 年版,第 1 卷,第 588 页。

② 《马克思恩格斯选集》,人民出版社 1972 年版,第 3 卷,第 540 页。

泛的影响，所以又被称为康德—拉普拉斯学说。

18 世纪 70 年代以后，康德转入所谓批判哲学时期，这个时期他的主要活动是建立他的先验论哲学体系。自 1781 至 1798 年将近二十年的时期里，是康德批判哲学的成熟期：《纯粹理性批判》出版于 1781 年，此后《未来形而上学导论》于 1783 年、《道德形而上学探本》于 1785 年、《纯粹理性批判》第二版（及其序言）于 1787 年、《实践理性批判》于 1788 年、《判断力批判》于 1790 年、《纯理性范围以内的宗教》于 1793 年、《系科之争》于 1798 年相继问世。在这同一个时期所写的有关历史与政治的理论著作，作为其批判哲学体系的组成部分，则在通称的三大批判之外别有其丰富的思想内容，并对后世有着深远的影响，故而曾有“第四批判”或“历史理性批判”之称。这个历史时代正是美国资产阶级革命（1776—1783 年）和法国资产阶级革命（1789—1795 年）的高潮。在启蒙运动和法国革命思潮的强大影响之下所写成的这几篇论文，饱含着时代的色彩；它们所表现的要把历史提高为哲学理论的努力、它们之以启蒙运动的批判精神和人类不断在进步的观点对于历史的本质及其运动规律所做的一系列臆测、它们之从纯粹理性出发来论证天赋人权及其与幸福的联系，实际上是提供了一部法国革命的德国版。康德自 18 世纪 60 年代之初即开始读卢梭，并对历史和政治的理论感到兴趣；从 1767 年起曾经多次讲授过“权利理论”。所谓历史理性批判，其内容实质不外是法国革命原则——即，（一）牛顿的自然法则，（二）卢梭的天赋人权，（三）启蒙时代的理性千年福祉王国学说，——在康德先验哲学体系中的提炼。

构成康德历史哲学的中心线索的是历史的两重性，即历史的

合目的性与历史的合规律性；亦即人类的历史在两重意义上是有道理（理性）可以籀绎的：（一）它是根据一个合理的而又可以为人理解的计划而展开的，（二）它同时又是朝着一个为理性所裁可的目标前进的。就其当然而论，人类历史就是合目的的；就其实然而论，人类历史就是合规律的。目的的王国与必然的王国最后被康德统一于普遍的理性。统治这个理性的王国的原则是：正义和真理、自由和平等、不可剥夺的和不可转让的天赋人权。“现在我们知道，这个理性的王国不过是资产阶级的理想化的王国；永恒的正义在资产阶级的司法中得到实现：平等归结为法律面前的资产阶级的平等；被宣布为最主要的人权之一的是资产阶级的所有权；而理性的国家、卢梭的社会契约在实践中表现为而且也只能表现为资产阶级的民主共和国。18 世纪的伟大思想家们，也和他们的一切先驱者一样，没有能够超出他们自己的时代所给予他们的限制。”①

和一切旧时代的历史理论一样，康德的历史哲学也没有能避免两个根本性的缺陷。第一是，他不能正确理解历史的物质基础，从而也就不可能揭示历史发展的客观规律性及其与物质生产发展的联系。第二是，他不能正确认识只有人民群众的实践活动才是历史的创造力；于是他把历史的发展单纯归结为理性原则自我实现的过程。披着世界公民的永恒的普遍理性这件外衣的，归根结底只不过是 18 世纪末德国中产阶级市民的悟性。这些局限性是

① 《马克思恩格斯选集》，人民出版社 1972 年版，第 3 卷，第 57 页。

我们“公正地把康德的哲学看成是法国革命的德国理论”[①]时，所需要加以批判的。

译文根据普鲁士皇家科学院编《康德全集》，柏林1912年格·雷麦（Georg Reimer）版，卷八中的原文译出。有几处分段则根据的是罗森克朗茨（K. Rosenkranz）与舒伯特（F. Schubert）编《康德全集》，莱比锡1839年伏斯（L. Voss）版，卷七中的原文。据我所见，本文曾有狄·昆赛（Th. De Quincey）、阿斯吉（W. Hastie）及贝克（L. W. Beck）三种英译本，但没有一种可以称得上比较忠实；狄·昆赛以名家见称，他的译文却最不可靠。

译文中有几个名词需要说明一下：Idee一般译作“理念”，我们在译文中采用“观念”；Verfassung一般可译作（政治）体制，我们在译文中采用“宪法”；Bürger（bürgerlich）通常均译作“市民”（“市民的”），我们在译文中采用“公民”（“公民的”），因此通常译文中的“市民社会”、“市民宪法”我们在译文中均作“公民社会”、“公民宪法”。所以采用“观念”和“公民”，是希望它们更能符合作者的原意；所以采用“宪法”，是希望它更能照顾到本文与其他著作的前后一贯。

由于自己水平的限制，译文中的错误与不妥之处在所难免；希望得到读者们的指正。

译　者

① 《马克思恩格斯全集》，人民出版社1956年版，第1卷，第100页。

目　　录

世界公民观点之下的普遍历史观念[①][②]

无论人们根据形而上学的观点，对于**意志自由**可以形成怎么样的一种概念，然而它那**表现**，即人类的行为，却正如任何别的自然事件一样，总是为普遍的自然律所决定的。历史学是从事于叙述这些表现的；不管它们的原因可能是多么地隐蔽，但历史学却能使人希望：当它考察人类意志自由的作用的**整体**时，它可以揭示出它们有一种合乎规律的进程，并且就以这种方式而把从个别主体上看来显得是杂乱无章的东西，在全体的物种上却能够认为是人类原始的秉赋之不断前进的、虽则是漫长的发展。因此，婚姻以及随之而来的出生和死亡——在这里人们的自由意志对于它们有着如此巨大的影响——看起来显得并没有任何规律可循，使人能够

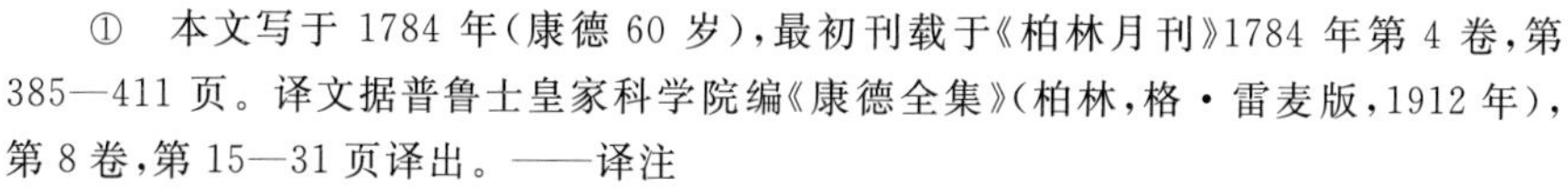

① 本文写于 1784 年(康德 60 岁)，最初刊载于《柏林月刊》1784 年第 4 卷，第 385—411 页。译文据普鲁士皇家科学院编《康德全集》(柏林，格·雷麦版，1912 年)，第 8 卷，第 15—31 页译出。——译注

② 本年(1784 年)第十二期《哥达学报》简讯中有一段话(原文如下："康德教授先生所爱好的一个观念是：人类终极的目的乃是要达到最完美的国家制度，并且他希望哲学的历史家能从达个观点着手为我们写出一部人类史，揭示人类在各个不同的时代里曾经接近这个终极的目的或者是脱离这个终极的目的各到什么地步，以及要达到这个终极的目的还应该做些什么事情。"——译注)毫无疑问是摘录我和一位旅行来访的学者的谈话，这就逼得我写出了这篇论文，不然那段话就不会有任何可理解的意义了。

事先就据之以计算出来它们的数字;然而各大国有关这方面的年度表报却证明了它们也是按照经常的自然律进行的,正有如变化无常的气候那样,我们虽然不能预先就确定气候的各个事变,但总的说来它却不会不把植物的生长、河水的奔流以及其它各种自然形态保持在一种均衡不断的进程之中。个别的人,甚至于整个的民族,很少想得到:当每一个人都根据自己的心意并且往往是彼此互相冲突地在追求着自己的目标时,他们却不知不觉地是朝着他们自己所不认识的自然目标作为一个引导而在前进着,是为了推进它而在努力着;而且这个自然的目标即使是为他们所认识,也对他们会是无足轻重的。

既然人类的努力,总的说来,并不像动物那样仅仅是出于本能,同时又不像有理性的世界公民[①]那样是根据一种预定的计划而行进;因此看起来他们也就不可能有任何(多少是像蜜蜂或者海狸那样的)有计划的历史。当我们看到人类在世界的大舞台上表现出来的所作所为,我们就无法抑制自己的某种厌恶之情;而且尽管在个别人的身上随处都闪灼着智慧,可是我们却发现,就其全体而论,一切归根到底都是由愚蠢、幼稚的虚荣、甚至还往往是由幼稚的罪恶和毁灭欲所交织成的;从而我们始终也弄不明白,对于我们这个如此之以优越而自诩的物种,我们自己究竟应该形成什么样的一种概念。对于哲学家来说,这里别无其他答案,除非是:既然他对于人类及其表演的整体,根本就不能假设有任何有理性的

① 世界公民(Weltbürger)一词为希腊文 κοσμοπολίτη 一词的转译,17 世纪开始流行。——译注

自己的目标，那么他就应该探讨他是否能在人类事物的这一悖谬的进程之中发现有某种自然的目标；根据这种自然的目标被创造出来的人虽则其行程并没有自己的计划，但却可能有一部服从某种确定的自然计划的历史。

这就要看，我们是否可以成功地找出一条这样一部历史的线索，而留待大自然本身去产生出一位有条件依据它来撰写这部历史的人物。大自然就曾产生过一位开普勒①，开普勒以一种出人意表的方式使得行星的偏心轨道服从于确切的定律；大自然又曾产生过一位牛顿②，牛顿便以一条普遍的自然原因阐明了这些定律。

命　题　一

一个被创造物的全部自然禀赋都注定了终究是要充分地并且合目的地发展出来的。

对一切动物进行外部的以及内部的或解剖方面的观察，都证实了这一命题。一种不能加以应用的器官，一种不能完成其目的的配备，——这在目的论的自然论上乃是一种矛盾。因为我们如果放弃这条原则的话，那么我们就不再有一个合法则的大自然，而只能有一个茫无目的的、活动着的大自然罢了；于是令人绝望的偶然性就会取代了理性的线索。

---

① 开普勒(Johannes Kepler，1571—1630)，德国天文学家，行星运动定律的发现者。——译注

② 牛顿(Isaac Newton，1642—1727)，英国物理学家，近代经典力学体系的创始人。下文“一条普遍的自然原因”指牛顿的万有引力定律。——译注

命　题　二

这些自然禀赋的宗旨就在于使用人的理性，它们将在人——作为大地之上唯一有理性的被创造物——的身上充分地发展出来，但却只能是在全物种的身上而不是在各个人的身上。

一个被创造物的身上的理性，乃是一种要把它的全部力量的使用规律和目标都远远突出到自然的本能之外的能力，并且它不知道自己的规划有任何的界限。但它并不是单凭本能而自行活动的，而是需要有探讨、有训练、有教导，才能够逐步地从一个认识阶段前进到另一个阶段。因此，每一个人就必须活得无比的长寿，才能学会怎样可以把自己全部的自然禀赋加以充分的运用；否则，如果大自然仅仅给他规定了一个短暂的生命期限（就正如事实上所发生的那样），那么理性就需要有一系列也许是无法估计的世代，每一个世代都得把自己的启蒙留传给后一个世代，才能使它在我们人类身上的萌芽，最后发挥到充分与它的目标相称的那种发展阶段。而这样的一个时刻，至少在人类的观念里，应该成为他们努力争取的目标，因为不然的话，人类自然禀赋的绝大部分就不得不被人看成是徒劳无功而又茫无目的的了；这就勾销了一切实践的原则，并且从而就会使大自然——本来在判断其他一切的安排时，大自然的智慧都必然是要充当基本原则的——犯有唯独对于人类却是在进行一场儿戏的嫌疑了。

命　题　三

大自然要使人类完完全全由其自己本身就创造出来超乎其

动物生存的机械安排之上的一切东西，而且除了其自己本身不假手于本能并仅凭自己的理性所获得的幸福或美满而外，就不再分享任何其他的幸福或美满。

这就是说，大自然决不做劳而无功的事，并且决不会浪费自己的手段以达到自己的目的[①]。既然她把理性和以理性为基础的意志自由[②]赋给了人类，这就已经是对她所布置的目标的最明显不过的宣示了。这就是说，人类并不是由本能所引导着的，或者是由天生的知识所哺育、所教诲着的；人类倒不如说是要由自己本身来创造一切的。生产出自己的食物、建造自己的蔽护所、自己对外的安全与防御（在这方面大自然所赋予他的，既没有公牛的角，又没有狮子的爪，也没有恶狗的牙，而仅只有一双手）、一切能使生活感到悦意的欢乐、还有他的见识和睿智乃至他那意志的善良，——这一切完完全全都是他自身的产品。在这里，大自然仿佛是以其最大的节约在行动着，并且把她对动物的装备安置得如此之紧缩、如此之精密，刚好够一个起码的生存的最大需要而已；就好像是她有意让人类——当他们从最低的野蛮状态努力上升到最高的成熟状态以及思想方式的内在完满性，并且从而上升到（大地之上尽可能的）幸福状态的时候——能完全独自享有这份功绩并且只需感谢他们自己本身似的；仿佛大自然把这一点委之于人类理性的自尊，更有甚于

① 牛顿《自然哲学之数学原理》卷三“哲学推理规律。规律一”：“大自然决不做徒劳无功的事；当少数就够用的时候，更多就是徒劳无功的了”。（剑桥 1934 年版，第 198 页）——译注

② 关于意志自由，可参看《实践理性批判》，卷一，第 5 节；《道德形而上学探本》，第 3 节。——译注

委之于人类的安乐似的。因为在人类事物的这一进程中，有一长串的艰辛困苦在等待着人类。可是看来大自然却根本就不曾做任何的事情来使人类生活得安乐，反倒是要使他们努力向前奋斗，以便由于他们自身的行为而使他们自己配得上生命与福祉。

这种情形永远都是令人惊异的：已往的世代仿佛只是为了后来世代的缘故而在进行着他们那艰辛的事业，以便为后者准备好这样的一个阶段，使之能够借以把大自然所作为目标的那座建筑物造得更高；并且唯有到了最后的一代才能享有住进这所建筑里面去的幸福，虽则他们一系列悠久的祖先们都曾经（确实是无意地）为它辛勤劳动过，但他们的祖先们却没有可能分享自己所早已经准备过了的这种幸福。尽管这一点是如此之神秘，然而同时它又是如此之必然，只要我们一旦肯承认：有一类物种是具有理性的，并且作为有理性的生命类别，他们[①]统统都要死亡的，然而这个物种却永不死亡而且终将达到他们的秉赋的充分发展。

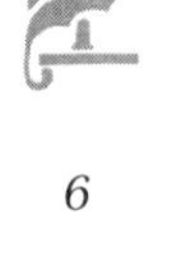

命　题　四

大自然使人类的全部秉赋得以发展所采用的手段就是人类在社会中的对抗性，但仅以这种对抗性终将成为人类合法秩序的原因为限。

这里的对抗性一词，我指的是人类的非社会的社会性；也就是指人类进入社会的倾向，而这一倾向又是和一种经常威胁着要分裂社会的贯穿始终的阻力结合在一起的。而这种秉赋显然就存在

① “他们”指他们每一个个人。——译注

于人性之中。人具有一种要使自己社会化的倾向;因为他要在这样的一种状态里才会感到自己不止于是人而已[①],也就是说才感到他的自然禀赋得到了发展。然而他也具有一种强大的、要求自己单独化(孤立化)的倾向;因为他同时也发觉自己有着非社会的本性,想要一味按照自己的意思来摆布一切,并且因此之故就会处处都遇到阻力,正如他凭他自己本身就可以了解的那样,在他那方面他自己也是倾向于成为对别人的阻力的。可是,正是这种阻力才唤起了人类的全部能力,推动着他去克服自己的懒惰倾向,并且由于虚荣心、权力欲或贪婪心的驱使而要在他的同胞们——他既不能很好地容忍他们,可又不能脱离他们——中间为自己争得一席地位。于是就出现了由野蛮进入文化的真正的第一步,而文化本来就是人类的社会价值之所在;于是人类全部的才智就逐渐地发展起来了,趣味就形成了,并且由于继续不断的启蒙就开始奠定了一种思想方式,这种思想方式可以把粗糙的辨别道德的自然禀赋随着时间的推移而转化为确切的实践原则,从而把那种病态地被迫组成了社会的一致性终于转化为一个道德的整体[②]。没有这种非社会性的而且其本身确实是并不可爱的性质,——每个人当其私欲横流时都必然会遇到的那种阻力就是从这里面产生的,——人类的全部才智就会在一种美满的和睦、安逸与互亲互爱的阿迦底亚式[③]的牧歌生活之中,永远被埋没在它们的胚胎里。

① “人”此处指自然人。——译注

② “道德的整体”即人类的文明社会。——译注

③ “阿迦底亚式”(Arkadisch)。阿迦底亚原为古希腊的风景区,居民以生活淳朴、幸福著称;此词引申为田园式或牧歌式的同义语。——译注

人类若是也像他们所畜牧的羊群那样温驯，就难以为自己的生存创造出比自己的家畜所具有的更大的价值来了；他们便会填补不起来造化作为有理性的大自然为他们的目的而留下的空白。因此，让我们感谢大自然之有这种不合群性，有这种竞相猜忌的虚荣心，有这种贪得无厌的占有欲和统治欲吧！没有这些东西，人道之中的全部优越的自然秉赋就会永远沉睡而得不到发展。人类要求和睦一致，但是大自然却更懂得是什么东西才会对他们的物种有好处；大自然在要求纷争不和。人类要求生活得舒适而满意；但是大自然却要求人类能摆脱这种怠惰和无所作为的心满意足而投身到劳动和艰辛困苦之中去，以便找到相反的手段好把自己非常明智地再从那里面牵引出来。这种趋向的自然推动力、这种非社会性的及其贯彻始终的阻力的根源——从这里面产生出来了那么多的灾难，然而它同时却又推动人们重新鼓起力量，从而也就推动了自然秉赋更进一步地发展——便很好地显示了一位睿智的造物主的安排，而并非有某个恶神的手搅乱了他那庄严宏伟的布局或者是出于嫉妒而败坏了它们。

命　题　五

大自然迫使人类去加以解决的最大问题，就是建立起一个普遍法治的公民社会[①]。

---

① “公民社会”一词原文为 bürgerliche Gesellschaft，中文译文通常作“市民社会”，此词大致相当于卢梭的 société civile；但德译本译 société civile 时多用 Staatsbürgerliche Gesellschaft。鲍桑葵（B. Bosanquet，1848—1923）译此词为 bourgeois society（见《国家的哲学理论》伦敦，1925 年版，第 253 页以下）。——译注

唯有在社会里，并且唯有在一个具有最高度的自由，因之它的成员之间也就具有彻底的对抗性，但同时这种自由的界限却又具有最精确的规定和保证，从而这一自由便可以与别人的自由共存共处的社会里；——唯有在这样的一个社会里，大自然的最高目标，亦即她那全部秉赋的发展，才能在人类的身上得到实现。大自然还要求人类自己本身就可以做到这一点，正如大自然所规定的一切目的那样；因而大自然给予人类的最高任务就必须是外界法律之下的自由与不可抗拒的权力这两者能以最大可能的限度相结合在一起的一个社会，那也就是一个完全正义的公民宪法[1]；因为唯有通过这一任务的解决和实现，大自然才能够成就她对我们人类的其它目标。需要迫使得人类进入了这种强制状态，不然的话，他们就格外要喜爱没有限制的自由了；并且这确实是一切需要之中的最大需要，也就是那种人类自己相互之间加之于他们自己身上的需要，因为他们的倾向性使得他们不能长时期地在野蛮的自由状态中彼此共处。唯有在公民的结合这样一种场合之下，上述的这种倾向性才能由之开始产生最良好的作用；犹如森林里的树木，正是由于每一株都力求攫取别的树木的空气和阳光，于是就迫使得彼此双方都要超越对方去寻求，并获得美丽挺直的姿态那样；反之，那些在自由的状态之中彼此隔离而任意在滋蔓着自己枝叶的树木，便会生长得残缺、佝偻而又弯曲。一切为人道增光的文化和艺术、最美好的社会秩序，就都是这种非社会性的结果。它由于

① 宪法（Verfassung）或公民宪法（bürgerliche Verfassung）即指国家政治制度，亦即人类脱离自然状态（野蛮状态）而进入的政治状态（或公民状态，或社会状态，或文明状态）。——译注

自己本身的迫使而在约束自己，并且通过强制的艺术而使大自然的萌芽得以充分发展。

命　题　六

这个问题既是最困难的问题，同时又是最后才能被人类解决的问题。

困难之点就由这个问题的观念本身而呈现到我们的眼前，那就是：人是一种动物，当他和他其余的同类一起生活时，就需要有一个主人。因为他对他的同类必定会滥用自己的自由的[①]；而且尽管作为有理性的生物他也希望有一条法律来规定大家的自由界限，然而他那自私自利的动物倾向性却在尽可能地诱使他要把自己除外。因此，他就需要有一个主人来打破他那自己所固有的意志，并迫使他去服从一种可以使人人都得以自由的普遍有效的意志。然而，他向哪里去寻找这位主人呢？除了求之于人类之中，就再没有别的地方了。但是，这位主人也同样是一个动物，他也需要有一个主人。因此无论他可能想要如何着手，但总归是看不出他怎么才能够找到一位其自身乃是公正的、正直无私的首领来；不管他是求之于一个个别的人也好，还是求之于为此而选出来的由若干人所组成的集体也好。因为其中的每一个人，当其没有另一个领导者对他自身依法行使权力时，总是要滥用自己的自由的。然而最高首领却既须其本身就是正直的，而又得是一个人。所以这

① 可参看霍布斯《利维坦》第 13 章；又，赫德尔《人类历史哲学观念》第 9 卷，第 4 章。——译注

个问题就成为一切问题之中最为棘手的一个问题了。要完全解决这个问题确实是不可能的事;像从造就成人类的那么曲折的材料里,是凿不出来什么彻底笔直的东西的。大自然向我们所提出的,也就只是朝着这一观念接近而已[①]。它之所以又是最后才能得到解决的问题,则是由于它需要对一部可能的宪法的性质具有**正确的概念**,需要有经历许多世事而磨炼出来的伟大的**经验**,并且超乎这一切的则是还需要有准备接受这一问题的**善意**。然而这样的三件事是很难得见到集于一身的;并且当其出现的时候,那也只能来得非常之晚,而且是经过了许多徒劳无功的尝试以后的事。

命　题　七

建立一部完美的公民宪法这个问题,有赖于国家合法的对外关系这个问题,并且缺少了后者前一个问题就不可能得到解决。

制定一部个人与个人之间的合法的公民宪法——也就是说安排一个**共同体**[②]——又有什么用处呢?那同一个迫使人们达到这种状态的非社会性就又成为使得每一个共同体在对外关系上——也就是说在作为一个国家对其他国家的关系上——处于不受约束

① 因此,人类的地位乃是非常之人为的。旁的星球上的居民以及他们的本性是怎样形成的,我们不清楚;但是当我们好好地履行了大自然的这一任务时,我们却很可以自诩,在我们全宇宙所有的邻居之中我们占有着一个并不是微不足道的地位。也许在旁的星球上,每一个个体可以在他自己的一生之中充分地完成自己的天职。我们的情形却是另一样;唯有整个的物种才有希望做到这一点。

② 共同体(Gemeinwesen)即国家。——译注

的自由状态之中的原因；因此每个国家从别的国家那里就恰好必定要期待着那种压迫个人并强迫他们进入合法的公民状态的同样灾难。于是大自然就再度地利用人们的，乃至于大社会以及国家共同体这类被创造物的不合群性作为手段，以便从他们不可避免的对抗之中求得一种平静与安全的状态；这就是说，大自然是通过战争、通过极度紧张而永远不松弛的备战活动、通过每个国家因此之故哪怕是在和平时期也终于必定会在其内部深刻感受到的那种缺匮而在进行着起初并不会是完美的种种尝试，然而在经过了许多次的破坏、倾覆甚至于是其内部彻底的精疲力竭之后，却终将达到即使是没有如此之多的惨痛经验、理性也会告诉给他们的那种东西，那就是：脱离野蛮人的没有法律的状态而走向各民族的联盟。这时候，每一个国家，纵令是最小的国家也不必靠自身的力量或自己的法令而只须靠这一伟大的各民族的联盟(foedus amphictionum)[①]，只须靠一种联合的力量以及联合意志的合法决议，就可以指望着自己的安全和权利了。无论这个观念会显得是何等的虚幻，并且作为这样的一种观念会被人讥笑为是一位圣彼得方丈[②]或者是一个卢梭[③]的(也许因为他们把这种事情的实现想得太

① foedus amphictionum〔拉丁文：安斐克提昂联盟〕泛指任何国际上的联盟。安斐克提昂联盟原为古希腊保卫德尔斐的阿波罗神殿十二个部族的联盟，至公元前 7 至 6 世纪时演变为以德撒里为首的希腊中部各城邦的政治联盟。——译注

② 圣彼得方丈即 Charles-Irénée Castel, Abbé de Sainte Pierre, 1658—1743 年，以他的作品《欧洲列强间的永久和平拟议》(Projet de paix perpétuelle entre les potentats de l'Europe，乌特勒支版，1713 年)一书闻名于世，康德的《永久和平论》即系受这部书的启发。——译注

③ 指卢梭(Jean Jacque Rousseau, 1712—1718 年)的《圣彼得方丈的永久和平拟议摘要》，1760 年。——译者

切近了）；然而这却是人们彼此之间相处的需要所必不可免的结局，这种需要必定要迫使每一个国家——无论这对于他们来得是多么沉重——达到野蛮人刚好是如此之不情愿而被迫达到的同一个结论；那就是：放弃他们那野性的自由而到一部合法的宪法里面去寻求平静与安全。

因而所有的战争就都是要——尽管这并不是人的目标，但却是大自然的目标——建立起国家与国家的新关系的反复尝试，并且是要通过摧毁或者至少是瓦解一切国家来形成新的共同体；然而这些新的共同体，或则是在其自身之内或则是在他们彼此之间，却又变得无法维持，于是就必须再度经受新的类似的革命。直到最后，部分地是由于内部有公民宪法的可能最好的安排，部分地是由于外部有共同的约定和立法，人们才会犹如一架自动机那样地建立起来能够维持其自身的、就像是公民共同体的这样一种状态来。

究竟我们是不是可以期待着各种起作用的原因能有一种伊壁鸠鲁[①]式的汇合，从而国家就好像物质的细小质点那样，是通过它们之间的偶然相互冲撞而在寻找着各式各样的结构形态，每一种形态又由于新的碰撞而重新被毁灭，直到最后才由于偶然而获得了以某种形式可以维持其自身存在的那样一种结构形态呢？（这样一种幸运的偶然委实是太难得出现了！）或者，究竟我们是不是更好能认为：大自然在这里是遵循着一条合规律的进程而把我们

---

① 伊壁鸠鲁（Epikurus，约当公元前341—前270），古希腊哲学家，主张世界一切事物均由原子的冲撞所产生。——译注

的物种从兽性的低级阶段逐步地——并且确实是通过其所固有的、虽则是对人类施行强迫的办法——引向人性的最高阶段,并且就在这一表面的杂乱无章之下完全合规律地在发展着我们那些原始的秉赋呢?或者,究竟我们是不是最好肯定:从人类全体的这一切作用和反作用之中根本就不会产生出任何东西来,至少也是不会产生出任何明智的东西来;因而未来就将始终是像既往一样,所以人们也就无法说清,对于我们的物种来得是如此之自然的那种纷争,是否终于会在一种如此之文明的状态之中而为我们准备好一座万恶的地狱;到那时它也许会又以野蛮的破坏再度消灭这种文明状态的本身以及全部迄今为止的文明的进步,——这种命运是人们在盲目的偶然性的统治之下所无法抵御的;事实上,假如我们不给大自然提供一条由智慧所秘密织就的线索的话,无法律的自由就和盲目的偶然性只不过是一回事罢了!——这一点[1]大体上就要取决于如下的问题:承认大自然的安排在部分上的合目的性、但在整体上的无目的性,究竟是不是合理?

野蛮人的无目的的状态所做的事情,就是它扼制了我们物种的全部自然秉赋;然而它却终于通过把人类置诸灾难之中而迫使他们脱离这种状态,并走入一种可以使他们全部的那些萌芽都将得到发展的公民宪法。而这也正是已经创立的各个国家之间的野蛮式的自由所做的事情,那就是:由于相互抗衡的武装耗尽了共同体[2]的一切力量,由于战争所造成的破坏,而尤其是由于经常维持

① “这一点”指以上对问题的三种提法。——译注

② “共同体”指国家共同体。——译注

战备的需要，人类的自然秉赋在其前进过程中的充分发展确实是受到了阻碍；然而另一方面，由此而产生的灾难却也迫使我们这个物种去发掘一条平衡定律来处理各个国家由于它们的自由而产生的（而其本身又是健康的）彼此之间的对抗，并且迫使我们采用一种联合的力量来加强这条定律，从而导致一种保卫国际公共安全的世界公民状态。这种世界公民状态并不是任何危险都没有，从而人道的力量才不至于沉睡不醒；但同时它对于他们相互间的作用和反作用却又不是没有一条相等原则的[①]，从而他们才不至于相互毁灭。在这最后的一步（亦即各个国家的联合体）出现以前，也就是尚在其形成过程的半途之中，人性就得在表面幸福的欺骗假象之下忍受着种种最无情的灾难；因而只要人们尚未达到有待于我们这个物种去攀登的这一最后阶段之前，卢梭就不无道理地要偏爱野蛮人的状态了。

我们由于艺术和科学而有了高度的文化。在各式各样的社会礼貌和仪表方面，我们是文明得甚至于到了过分的地步。但是要认为我们已经是道德化了，则这里面还缺少很多的东西。因为道德这一观念也是属于文化的；但是我们使用这一观念却只限于虚荣与外表仪式方面表现得貌似德行的东西，所以它只不过是成其为文明化而已。但是只要各个国家都把它们全部的力量用在它们那些徒劳而又残暴的扩张计划上，从而就在不断地阻挠着它们的公民们培养其内心思想方式的漫长努力，甚至于还要勾销在这方

① 牛顿《自然哲学之数学原理》"公理，或运动定律。定律三"："每一种作用总有一种相等的作用与之相反；或者说，两个物体彼此间相互的作用总是相等的，而方向是相反的"。（同上，页13）——译注

面对于他们的一切支持;那就不可能期待这种做法会有任何结果的,因为任何一个共同体为此而塑造它的公民时,都需要有一场漫长的内心改造过程。然而,凡不是植根于道德上的善意的任何一种善,都无非是纯粹的假象与炫惑人的不幸而已。人类就将一直停留在这种状态之中,直到他们能以如上所述的方式努力使得他们的国际关系脱离了这种混乱状态为止。

命　题　八

人类的历史大体上可以看作是大自然的一项隐蔽计划的实现,为的是要奠定一种对内的、并且为此目的同时也就是对外的完美的国家宪法,作为大自然得以在人类的身上充分发展其全部秉赋的唯一状态。

这一命题是出自前一命题的系论。我们可以看到:哲学也可以有其自己的千年福祉王国学说[①],然而它却是这样的一种,仅凭这一观念的本身——尽管它还异常之遥远——就可以促进它的来临,因而也就绝不是虚幻的。问题就只在于:经验是不是能揭示有关大自然目标的这样一种进程的任何东西。我要回答说:很少能有什么东西;因为这个公转历程看来需要如此之漫长的时间,才能最后做出结论说:我们根据人类在这方面所曾经历过的那小小的一部分还是那样地不可靠,还无法推断它那途径的形式以及部分

① 按千年福祉王国学说(Chiliasmus 一词源出希腊文 Χιλιασμος,拉丁文为 millenium)为中世纪基督教的传说,谓基督将再临世界建立王国统治一千年。此词引申为任何理想的未来世界。可参看《新约·启示录》第 20 章,第 1 至 5 节。——译注

对于全体的关系；就正如根据迄今为止的全部天象观测还无法推断我们的太阳及其整个的卫星群在广阔的恒星系里所采取的路径一样；尽管根据宇宙结构的宪法体系的普遍理由以及根据我们已经观测到的那微小的一部分，就足以确实可靠地做出有关这样一种公转历程的真实性的结论来。

同时，人性对于其自身又是这样的：对于我们这个物种所将要遇到的哪怕是最遥远的时代，它也决不会无动于衷，只要那个时代确实无疑是可以指望的。而且既然看起来我们可以由于我们自己的合理安排而加速引到这个对于我们的后代来说乃是如此之欢乐的时辰，所以它在我们的这一代就格外不会出现了。因为这个缘故，所以哪怕这个时代来临的最微弱的迹象，对于我们也是非常之重要的。现在各个国家彼此之间已经处于这样一种人为的关系，以至于没有一个国家可以降低其内部的文化水平而又不致丧失它对于别的国家的威权和影响；因此即使是不提大自然的这一目的的进展，但至少大自然的这一目的的保存则是由于国家野心计划的本身而很好地得到了保障的。此外还有：公民的自由现在也就不可能真正受到损害而又不会使得一切行业（尤其是商业）遭受损失了，可是由此也就会使得国家对外关系的力量遭到削弱。然而这一自由却是逐步前进的。当人们禁止公民以其自己所愿意的、而又与别人的自由可以共存的各种方式去追求自己的幸福时，人们也就妨碍了一般事业的生命力，从而也就妨碍了整体的力量。因此，对个人行为的限制就日益为人所摒弃，普遍的宗教自由就日益为人所容忍；于是便夹杂着幻念和空想而逐步出现了启蒙运动这样一件大好事，它必定会把人类从其统治者的自私自利的扩张

计划之下拯救出来的，只要他们能懂得自己本身的利益。而这种启蒙运动以及随之而来的启蒙了的人们对于自己已经充分理解到的好处所不可避免地要采取的一种衷心的同情，就必定会一步步地上升到王座上来，并且甚至于会对他们的政体原则发生影响的。例如，虽然我们世界的当政者们目前并没有余钱用之于公共教育设施以及一般有关人民福利的一切措施，因为全部的金钱都已经预先支付给未来的战争了；然而他们却至少将在不去阻止他们的人民自己在这方面尽管是微弱的而又是漫长的努力之中，发现他们自身的利益。终于，战争本身也将逐渐地不仅成为一桩如此之人工制造的、而其结局对于双方又都是如此之难于把握的行业，而且——由于国家不断增加无法可望清偿的国债（这是近代的一大发明）而感到后患无穷——还会成为一桩如此之可疑的行业。还有，在我们这部分由于它那贸易而如此紧密地联系在一起的世界里，国家每动荡一次都会对所有其余的国家造成那样显著的影响，以至于其余这些国家尽管自己并不具有合法的权威，但却由于其本身所受的危险的驱使而自愿充当仲裁者；并且它们大家就都这样在遥遥地准备着一个未来的、为此前的世界所从未显示过先例的、伟大的国家共同体[①]。尽管这一国家共同体目前还只是处在很粗糙的轮廓里，可是每个成员却好像都已经受到一种感觉的震动，即他们每一个都依存于整体的保全；这就使人可以希望，在经过许多次改造性的革命之后，大自然以之为最高目标的东西，——那就是作为一个基地而使人类物种的全部原始秉赋都将在它那里

① “国家共同体”（Staatskörper）指各民族联盟的国际政府。——译注

面得到发展的一种普遍的世界公民状态，——终将有朝一日会成为现实。

命 题 九

把普遍的世界历史[①]按照一场以人类物种的完美的公民结合状态为其宗旨的大自然计划来加以处理的这一哲学尝试，必须看作是可能的，并且甚至还是这一大自然的目标所需要的。

要按照这样一种观念[②]——即，当世界的行程可以用某种合理性的目的来加以衡量的时候，它那历程应该是怎样的——来编写一部历史，这确实是一桩奇怪的而且表面上看来是荒谬的企图；看来仿佛这样的一种目标只不过能得出一部传奇罢了。可是如果我们愿意承认，大自然即使是在人类自由的演出过程之中，也并不是没有规划和目标而在行进着的，那么这一观念就可能成为非常有用的了；哪怕我们是那么近视而看不透它那布局的秘密构造，但是这一观念却仍可以为我们提供一条指导线索，把一堆否则便只是毫无计划的人类行动的汇合体至少在整体上勾画出一个体系。因而当我们从希腊的历史——都是通过它，其他一切古代的或其同时代的历史才得以为我们保留下来，或者至少是才成为可以征

---

① "普遍的世界历史"一词原文为 allegemeine Weltgeschichte，相当于英文的 universal history 或法文的 histoire universelle，字面上通常可译作"通史"或"世界通史"；但作者使用此词并不是指通常意义的通史或世界通史，而是企图把全人类的历史当作一个整体来进行哲学的考察，故此处作"普遍的世界历史"以与具体的或特殊的历史相区别。——译注

② 观念(Idee)，参看译序；又可参看《纯粹理性批判》中"先验辩证篇"附录。——译注

信的[①]——而起始的时候；当我们追溯它对于并吞了希腊国家的罗马民族的国家共同体之形成与破坏所起的影响以及罗马对于后来又消灭了罗马民族的野蛮人所起的影响时，下迄我们自己的时代为止；这里面还应该加入其他民族的国家史作为插曲（我们有关他们的知识正是通过这些启蒙了的民族才逐步地获得的）；那么我们就会发现，我们这个大陆上的国家宪法是有着一个合规律的进步历程的（这或许有一天会给其他一切大陆提供法则吧）。同时，如果我们随时随地进一步地留意公民的宪法及其法律并留意国家的关系，着眼于这两者由于它们所包含的好处而提供了一个使各族人民——从而就使他们的艺术和科学也一道——得以提高和繁荣昌盛的时期，然而却又由于它们所带有的缺点而重新使得他们倾覆，可是这样却总会留下来一个启蒙的萌芽，这一萌芽通过每一次的革命而愈加发展，并准备好了后来的、更高阶段的进步；那么我相信我们就可以发现有一条线索，这条线索不仅能够对于如此纷繁混乱的人间事物的演出提供解释，或者对于未来的种种国家变化提供政治预言的艺术（这种用处是人们早已得之于人类历史

① 唯有从其一开始就延续不断直迄于我们今天的那个有知识的公众，才能征信古代的历史。超出此外，一切便都是 terraincognita（拉丁文，未知的领域——译者）了；凡是生活在此之外的各个民族，其历史便只能从他们加入到这里面来的那个时代开始算起。在犹太民族，这一点是由多勒米王朝（公元前4世纪至公元前1世纪统治埃及的希腊王朝——译者）时代的希腊文圣经翻译本而告开始的；若是没有它，我们对于他们那孤立的叙事就难以置信了。从这里出发（当这一开端首先已经恰当地被确定了之后），我们才可以向上追溯他们的故事。所有其他的民族也都是如此。修昔底德书中的第一页，（据休谟说）乃是全部信史的唯一开端（此处康德原文微有错误。休谟原文为“修昔底德书中的第一页乃是……真正历史的开端”。见休谟《道德、政治与文学论文集》，伦敦1898年版，第3卷，第414页。——译注）。

的，尽管人们把它看成好像是一种没有规律的自由之不相联属的作用)，而且它还会——不假定有一种大自然的计划，我们就没有理由可以希望这一点——展示出一幅令人欣慰的未来的远景：人类物种从长远看来，就在其中表现为他们怎样努力使自己终于上升到这样一种状态，那时候大自然所布置在他们身上的全部萌芽都可以充分地发展出来，而他们的使命也就可以在大地之上得到实现。

对大自然的——或者最好是说对天意的——这样一番论证，对于我们之选择一种特殊的观点以进行世界考察来说，绝不是什么无关紧要的动机。因为在没有理性的自然界之中我们赞美造化的光荣与智慧并且把它引入我们的思考，究竟又有什么用处呢；假如在至高无上的智慧的伟大舞台上，包含有其全部的目的在内的那一部分——亦即全人类的历史——竟然始终不外是一场不断地和它相反的抗议的话？这样一种看法就会迫使我们不得不满怀委屈地把我们的视线从它的身上转移开来，并且当我们在其中永远也找不到一个完全合理的目标而告绝望的时候，就会引导我们去希望它只能是在另外一个世界里了。

说我是要以这种在一定程度上具有一条先天[①]线索的世界历史观念来代替对于具体的、纯粹由经验而构成的历史的编撰工作，那就误解我的观点了。这仅仅是关于一个哲学的烦恼(当然它也还必须是十分熟悉历史的)从另外一种立脚点出发所能够探讨到

① “先天”(a priori)，可参看《纯粹理性批判》第二版序言及引论，《未来形而上学导言》第 9 节，第 20 节。——译注

的东西的一种想法而已。不然的话，人们目前编纂自己当代的历史时所具备的那种令人可敬的详尽性，就自然而然地会使每一个人都免不了要疑问：我们的后代将如何着手来掌握再过几百年之后我们所可能遗留给他们的那一份历史重担呢。毫无疑问，他们对最古老的时代——有关那些时代的文献可能是早就佚失了——将仅仅是从使他们感兴趣的那种观点出发，也就是说是从各个民族和各个政体在世界公民的观点之下所已经成就的或已经失败的都是些什么的那种观点出发，来进行评价的。让我们就把视线放到这上面来吧，同时也让各个国家的首脑以及他们手下人员的荣誉心把他们自己摆到唯一能够给他们带来最遥远的后世的崇敬与怀念的那种办法上面来吧。此外，这也可能就是要做出这样一番哲学的历史探讨工作的一个小小的动机了。

答复这个问题："什么是启蒙运动？"[①]

启蒙运动就是人类脱离自己所加之于自己的不成熟状态。**不成熟状态**就是不经别人的引导，就对运用自己的理智无能为力。当其原因不在于缺乏理智，而在于不经别人的引导就缺乏勇气与决心去加以运用时，那么这种不成熟状态就是**自己所加之于自己**的了。Sapere aude![②] 要有勇气运用你**自己的**理智！这就是启蒙运动[③]的口号。

懒惰和怯懦乃是何以有如此大量的人，当大自然早已把他们从外界的引导之下释放出来以后(naturaliter maiorennes[④])，却仍然愿意终身处于不成熟状态之中，以及别人何以那么轻而易举地就俨然以他们的保护人自居的原因所在。处于不成熟状态是那么

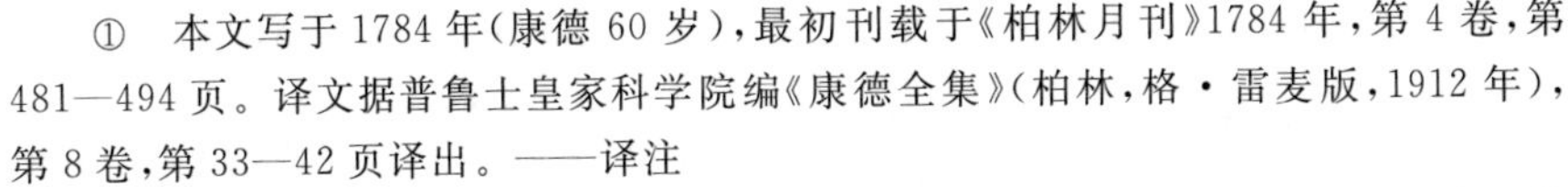

① 本文写于1784年(康德60岁)，最初刊载于《柏林月刊》1784年，第4卷，第481—494页。译文据普鲁士皇家科学院编《康德全集》(柏林，格·雷麦版，1912年)，第8卷，第33—42页译出。——译注

② 〔要敢于认识!〕语出罗马诗人贺拉士(Horace，即 Q. Horatius Flaccus，公元前65—8)《诗论》，I，2，40；德国启蒙运动的重要组织之一"真理之友社"于1736年采用这句话作为该社的口号。——译注

③ 按启蒙运动(Aufklärung)亦称"启蒙时代"或"理性时代"；这篇为当时的启蒙运动进行辩护的文章，发表在当时德国启蒙运动的主要刊物《柏林月刊》上。——译者

④ 〔由于自然方式而成熟〕。——译注

安逸。如果我有一部书能替我有理解，有一位牧师能替我有良心，有一位医生能替我规定食谱，等等；那么我自己就用不着操心了。只要能对我合算，我就无需去思想；自有别人会替我去做这类伤脑筋的事。

绝大部分的人(其中包括全部的女性)都把步入成熟状态认为除了是非常之艰辛而外并且还是非常之危险的；这一点老早就被每一个一片好心在从事监护他们的保护人关注到了。保护人首先是使他们的牲口愚蠢，并且小心提防着这些温驯的畜牲不要竟敢冒险从锁着他们的摇车里面迈出一步；然后就向他们指出他们企图单独行走时会威胁他们的那种危险。可是这种危险实际上并不那么大，因为他们跌过几跤之后就终于能学会走路的；然而只要有过一次这类事例，就会使人心惊胆战并且往往吓得完全不敢再去尝试了。

任何一个个人要从几乎已经成为自己天性的那种不成熟状态之中奋斗出来，都是很艰难的。他甚至于已经爱好它了，并且确实暂时还不能运用他自己的理智，因为人们从来都不允许他去做这种尝试。条例和公式这类他那天分的合理运用，或者不如说误用的机械产物，就是对终古长存的不成熟状态的一副脚梏。谁要是抛开它，也就不过是在极狭窄的沟渠上做了一次不可靠的跳跃而已，因为他并不习惯于这类自由的运动。因此就只有很少数的人才能通过自己精神的奋斗而摆脱不成熟的状态，并且从而迈出切实的步伐来。

然而公众要启蒙自己，却是很可能的；只要允许他们自由，这还确实几乎是无可避免的。因为哪怕是在为广大人群所设立的保护者们中间，也总会发现一些有独立思想的人；他们自己在抛却了不成熟状态的羁绊之后,就会传播合理地估计自己的价值以及每个人的本分就在于思想其自身的那种精神。这里面特别值得注意的是:公众本来是被他们套上了这种羁绊的,但当他们的保护者(其本身是不可能有任何启蒙的)中竟有一些人鼓动他们的时候,此后却强迫保护者们自身也处于其中了;种下偏见是那么有害,因为他们终于报复了本来是他们的教唆者或者是他们教唆者的先行者的那些人。因而公众只能是很缓慢地获得启蒙。通过一场革命或许很可以实现推翻个人专制以及贪婪心和权势欲的压迫,但却绝不能实现思想方式的真正改革;而新的偏见也正如旧的一样,将会成为驾驭缺少思想的广大人群的圈套。

然而,这一启蒙运动除了自由而外并不需要任何别的东西,而且还确乎是一切可以称之为自由的东西之中最无害的东西,那就是在一切事情上都有公开运用自己理性的自由。[①] 可是我却听到从四面八方都发出这样的叫喊:不许争辩!军官说:不许争辩,只许操练!税吏说:不许争辩,只许纳税。神甫说:不许争辩,只许信仰。(举世只有一位君主[②]说:可以争辩,随便争多少,随便争什么,但是要听话!)到处都有对自由的限制。

然则,哪些限制是有碍启蒙的,哪些不是,反而是足以促进它的呢?——我回答说:必须永远有公开运用自己理性的自由,并且唯有它才能带来人类的启蒙。私下运用自己的理性往往会被限制

---

① 此处“公开运用自己理性的自由”即指言论自由;康德在这个问题上曾和当时普鲁士官方的检查制度发生冲突。可参看本书《论一个常见的说法:这在理论上可能是正确的,但在实践上是行不通的》。——译注

② 指普鲁士腓德烈大王(Frederick II,der Grosse,1740—1786 年)。——译注

得很狭隘，虽则不致因此而特别妨碍启蒙运动的进步。而我所理解的对自己理性的公开运用，则是指任何人作为学者在全部听众面前所能做的那种运用。一个人在其所受任的一定公职岗位或者职务上所能运用的自己的理性，我就称之为私下的运用。

就涉及共同体利益的许多事物而言，则我们必须有一定的机器，共同体的一些成员必须靠它来保持纯粹的消极态度，以便他们由于一种人为的一致性而由政府引向公共的目的，或者至少也是防止破坏这一目的。在这上面确实是不容许有争辩的；而是人们必须服从。但是就该机器的这一部分同时也作为整个共同体的、乃至于作为世界公民社会的成员而论，从而也就是以一个学者的资格通过写作面向严格意义上的公众时，则他是绝对可以争辩的，而不致因此就有损于他作为一个消极的成员所从事的那种事业。因此，一个服役的军官在接受他的上级交下某项命令时，竟抗声争辩这项命令的合目的性或者有用性，那就会非常坏事；他必须服从。但是他作为学者而对军事业务上的错误进行评论并把它提交给公众来作判断时，就不能公开地加以禁止了。公民不能拒绝缴纳规定于他的税额；对所加给他的这类赋税惹是生非地擅行责难，甚至可以当作诽谤（这可能引起普遍的反抗）而加以惩处。然而这同一个人作为一个学者公开发表自己的见解，抗议这种课税的不适宜与不正当不一样，他的行动并没有违背公民的义务。同样地，一个牧师也有义务按照他所服务的那个教会的教义向他的教义问答班上的学生们和他的会众们作报告，因为他是根据这一条件才被批准的。但是作为一个学者，他却有充分自由、甚至于有责任把他经过深思熟虑有关那种教义的缺点的全部善意的意见以及关于

更好地组织宗教团体和教会团体的建议传达给公众。这里面并没有任何可以给他的良心增添负担的东西。因为他把作为一个教会工作者由于自己职务的关系而讲授的东西,当作是某种他自己并没有自由的权力可以按照自己的心意进行讲授的东西;他是受命根据别人的指示并以别人的名义进行讲述的。他将要说:我们的教会教导这些或那些;这里就是他们所引用的论据。于是,他就从他自己不会以完全的信服而赞同、虽则他很可以使自己负责进行宣讲的那些条文中——因为并非是完全不可能其中也隐藏着真理,而且无论如何至少其中不会发现有任何与内心宗教相违背的东西,——为他的听众引绎出全部的实用价值来。因为如果他相信其中可以发现任何与内心宗教相违背的东西,那么他就不能根据良心而尽自己的职务了,他就必须辞职。一个就任的宣教师之向他的会众运用自己的理性,纯粹是一种私下的运用;因为那往往只是一种家庭式的聚会,不管是多大的聚会;而在这方面他作为一个牧师是并不自由的,而且也不能是自由的,因为他是在传达别人的委托。反之,作为一个学者通过自己的著作而向真正的公众亦即向全世界讲话时,则牧师在公开运用他的理性上便享有无限的自由可以使用他自己的理性,并以他自己本人的名义发言。因为人民(在精神事务上)的保护者而其本身居然也不成熟,那便可以归结为一种荒谬性,一种永世长存的荒谬性了。

然则一种牧师团体、一种教会会议或者一种可敬的教门法院(就像他们在荷兰人中间所自称的那样),是不是有权宣誓他们自己之间对某种不变的教义负有义务,以便对其每一个成员并且由此也就是对全体人民进行永不中辍的监护,甚至于使之永恒化呢?

我要说:这是完全不可能的。这样一项向人类永远封锁住了任何进一步启蒙的契约乃是绝对无效的,哪怕它被最高权力、被国会和最庄严的和平条约所确认。一个时代决不能使自己负有义务并从而发誓,要把后来的时代置于一种决没有可能扩大自己的(尤其是十分迫切的)认识、清除错误以及一般地在启蒙中继续进步的状态之中。这会是一种违反人性的犯罪行为,人性本来的天职恰好就在于这种进步;因此后世就完全有权拒绝这种以毫无根据而且是犯罪的方式所采取的规定。

凡是一个民族可以总结为法律的任何东西,其试金石都在于这样一个问题:一个民族是不是可以把这样一种法律加之于其自身?它可能在一个有限的短时期之内就好像是在期待着另一种更好的似的,为的是好实行一种制度,使得每一个公民而尤其是牧师都能有自由以学者的身份公开地,也就是通过著作,对现行组织的缺点发表自己的言论。这种新实行的制度将要一直延续下去,直到对这类事情性质的洞见已经是那么公开地到来并且得到了证实,以至于通过他们联合(即使是并不一致)的呼声而可以向王位提出建议,以便对这一依据他们更好的洞见的概念而结合成另一种已经改变了的宗教组织加以保护,而又不至于妨碍那些仍愿保留在旧组织之中的人们。但是统一成一个固定不变的、没有人能够(哪怕在一个人的整个一生中)公开加以怀疑的宗教体制,从而也就犹如消灭了人类朝着改善前进的整整一个时代那样,并由此给后代造成损害,使得他们毫无收获,——这却是绝对不能容许的。一个人确实可以为了他本人并且也只是在一段时间之内,推迟对自己有义务加以认识的事物的启蒙;然而径行放弃它,那就无论是对他本人,而更其是对于后代,都可以说是违反而且践踏人类的神圣权利[①]了。

而人民对于他们本身都不能规定的事,一个君主就更加不可以对他的人民规定了;因为他的立法威望全靠他把全体人民的意志结合为他自己的意志。只要他注意使一切真正的或号称的改善都与公民秩序结合在一起,那么此外他就可以把他的臣民发觉对自己灵魂得救所必须做的事情留给他们自己去做;这与他无关,虽则他必须防范任何人以强力妨碍别人根据自己的全部才能去做出这种决定并促进这种得救。如果他干预这种事,要以政府的监督来评判他的臣民借以亮明他们自己的见识的那些作品;以及如果他凭自己的最高观点来这样做,而使自己受到“Caesar non est supra grammaticos”[②]的这种责难;那就会有损于他的威严。如果他把自己的最高权力降低到竟至去支持自己国内的一些暴君对他其余的臣民实行精神专制主义的时候,那就更加每况愈下了。

如果现在有人问:“我们目前是不是生活在一个*启蒙了的*时代?”那么回答就是:“并不是,但确实是在一个启蒙运动的时代”[③]。目前的情形是,要说人类总的说来已经处于,或者是仅仅

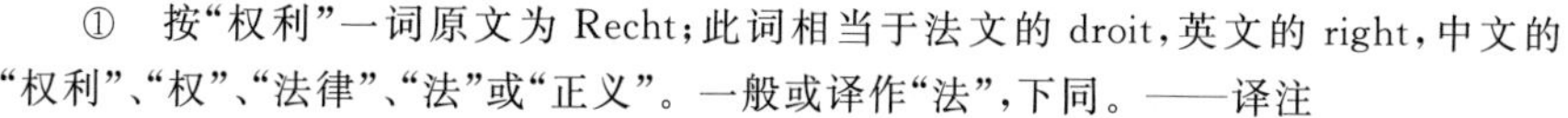

① 按“权利”一词原文为 Recht;此词相当于法文的 droit,英文的 right,中文的“权利”、“权”、“法律”、“法”或“正义”。一般或译作“法”,下同。——译注

② [恺撒并不高于文法学家]按,此处这句话可能是针对传说中普鲁士的腓德烈大王回答伏尔泰(Voltaire,1718—1778)的一句话:“恺撒高于文法学家。”又,传说神圣罗马帝国皇帝西吉斯蒙(Sigismund,1411—1437)在 1414 年的康斯坦司会议上说过:“我是罗马皇帝并且高于文法学家。”——译注

③ 康德《纯粹理性批判》第 1 版序言:“我们的时代特别是一个批判的时代,一切事物都必须接受批判。”——译注

说已经被置于,一种不需别人引导就能够在宗教的事情上确切地而又很好地使用自己的理智的状态了,则那里面还缺乏许多东西。可是现在领域已经对他们开放了,他们可以自由地在这上面工作了,而且对普遍启蒙的、或者说对摆脱自己所加给自己的不成熟状态的障碍也逐渐地减少了;关于这些我们都有着明确的信号。就这方面考虑,这个时代乃是启蒙的时代,或者说乃是腓德烈[①]的世纪。

一个不以如下说法为与自己不相称的国君:他认为自己的义务就是要在宗教事务方面决不对人们加以任何规定,而是让他们有充分的自由,但他又甚至谢绝宽容这个高傲的名称;这位国君本人就是启蒙了的[②],并且配得上被天下后世满怀感激之忱尊之为率先使得人类,至少从政权方面而言,脱离了不成熟状态,并使每个人在任何有关良心的事务上都能自由地运用自身所固有的理性。在他的治下,可敬的牧师们可以以学者的身份自由地并且公开地把自己在这里或那里偏离了既定教义的各种判断和见解都提供给全世界来检验,而又无损于自己的职责;至于另外那些不受任何职责约束的人,那就更加是如此了。这种自由精神也要向外扩展,甚至于扩展到必然会和误解了其自身的那种政权这一外部阻碍发生冲突的地步。因为它对这种政权树立了一个范例,即自由并不是一点也不关怀公共的安宁和共同体的团结一致的。只有当人们不再有意地想方设法要把人类保持在野蛮状态的时候,人类

① 指普鲁士腓德烈大王。——译注

② “启蒙了的”即“开明的”。——译注

才会由于自己的努力而使自己从其中慢慢地走出来。

我把启蒙运动的重点,亦即人类摆脱他们所加之于其自身的不成熟状态,主要是放在宗教事务方面,因为我们的统治者在艺术和科学方面并没有向他们的臣民尽监护之责的兴趣;何况这一不成熟状态既是一切之中最有害的而又是最可耻的一种。但是,一个庇护艺术与科学的国家首领,他的思想方式就要更进一步了,他洞察到:即使是在他的立法方面,容许他的臣民公开运用他们自身的理性,公开向世上提出他们对于更好地编纂法律、甚至于是直言无讳地批评现行法律的各种见解,那也不会有危险的。在这方面,我们有着一个光辉的典范,我们所尊敬的这位君主[1]就是没有别的君主能够超越的。

但是只有那位其本身是启蒙了的、不怕幽灵的而同时手中又掌握着训练精良的大量军队可以保障公共安宁的君主,才能够说出一个自由国家所不敢说的这种话:可以争辩,随便争多少,随便争什么;但是必须听话。这就标志着人间事务的一种可惊异的、不能意料的进程;正犹如当我们对它从整体上加以观察时,其中就几乎一切都是悖论那样。程度更大的公民自由仿佛是有利于人民精神的自由似的,然而它却设下了不可逾越的限度;反之,程度较小的公民自由却为每个人发挥自己的才能开辟了余地。因为当大自然在这种坚硬的外壳之下打开了为她所极为精心照料着的幼芽时,也就是要求思想自由的倾向与任务时,它也就要逐步地反作用于人民的心灵面貌(从而他们慢慢地就能掌握自由);并且终于还

① 指普鲁士腓德烈大王。——译注

会反作用于政权原则，使之发现按照人的尊严——人并不仅仅是机器而已[①]——去看待人，也是有利于政权本身的[②]。

1784年9月30日，于普鲁士哥尼斯堡。

① "人并不仅仅是机器而已"这一命题为针对拉梅特利（Julien Offray de La Mettrie，1709—1751年）《人是机器》（1748年）的反题。——译注

② 今天我在9月13日的《布兴每周通讯》（布兴，Anton Friedrich Büsching，1724—1793年，地理学家，哥廷根大学教授，当时主编《地图、地理、统计与历史新书每周通讯》。——译注）上读到本月30日《柏林月刊》的预告，其中介绍了门德尔松先生（Moses Mendelsohn，1729—1986年，德国启蒙运动哲学家《论"什么叫作启蒙运动"这一问题》一文刊载于《柏林月刊》1784年第4卷第9期，康德本文刊载于该刊同年同卷第12期。康德撰写本文时尚未读到门德尔松的文章，所以只在本文末尾附加了这条注释。——译注）对于本问题的答复。我手头尚未收到该刊，否则就会扣发本文了；现在本文就只在于检验一下偶然性究竟在多大程度上能带来两个人的思想一致。

评赫德尔《人类历史哲学观念》[①]

第一、二部

I

约·哥·赫德尔《人类历史哲学观念》

Quem te Deus esse iussit et humana

qua parte locatus es in re disc. [②]

第一部　318 页　4 开本　里加与莱比锡，哈特克诺克版，1784 年。

在这部著作里，我们这位机智而雄辩的作家显示了他那为人所熟知的特色。因此这部著作就像他那滔滔不绝的笔下的许多其他作品一样，是难以用通常的尺度来评判的。仿佛他那天才并非仅仅是从科学和艺术的广阔领域里搜集观念，以便能把它们扩充到其他的观念上去而已；而是仿佛他以他特殊的思想方法中那种

① 本文写于 1784—1785 年（康德 60—61 岁），最初刊载于《[耶拿]文学通志》，1785 年，第 4 号，第 271 号。——译文据普鲁士皇家科学院编《康德全集》（柏林，格·雷麦版，1912 年），第 8 卷，第 43—66 页译出。赫德尔（Johann Gottfried von Herder，1744—1803 年）曾于 1762—1764 年在哥尼斯堡大学聆康德授课，后来是德国“狂飙运动”的领导人之一。赫德尔反对康德《世界公民观点之下的普遍历史观念》一文中的思想，康德除了写这一书评而外，又于次年写《人类历史起源臆测》一文作为答复。——译注

② [在行动中学会上帝所规定给你的东西以及他在世界上给你指定的地位]语出罗马诗人柏修斯（Persius Flaccus，34—62）《讽刺集》，III，11，12；赫德尔书卷首引用。——译注

为他所固有的方式而把它们(借用他的话来说)按照一定的*同化*法则加以转化,从而它们就显著地有别于别的灵魂所借以滋养和成长的那些观念(页 292),而互相沟通就更加不可能了。因此,他所称之为人类历史哲学的东西,就很可能是与人们通常所理解的那种名称全然不同的某种东西;它并不是某种概念规定上的逻辑准确性或者是对原理的绵密分辨和验证,而是一种转瞬即逝的、包罗万象的观点,一种在类比的发掘方面的丰富智慧;在这方面的运用上,大胆的想象力与巧妙性的结合就通过感觉和感受而在支配着他那经常被保持在朦胧深处的对象;它究竟更其是思维的宏伟内容的一种作用呢,还是冷静的判断在其中很可能发现的一种含义微妙的示意呢,那就要很费猜测了。既然一个有成就的头脑所运用的思想自由(那在这里是会大量遇到的)总会给思想提供材料,所以我们就试图从这里面——如果一切对我们都顺利成功的话——提出一些最重要的而又是对他最具有特色的观念来,并以他本人的词句来表述;最后再对全文补充几句话。

我们的作者由扩大视野而入手,为的是好向人类指出他们在我们太阳系的其他星球居民之中的地位。根据人类所居住的这个天体的中央的而又便利的地位,他就结论说"人类在这里所必须依持的"就只不过是"一种中等程度的尘世理智以及一种更为可疑的人间道德。我们的思维和能力显然只是得自我们这个大地机体,但它们却力图改变自己并转化自己,直到他们能达到我们的造化所能提供给我们的那种纯粹性和美好性为止;如果类比可以成为我们的指导的话,它在别的星球上也就不会是另一样。而这就可以使我们猜测人类和别的星球上的居民都有着同一个鹄的,从而最后就不仅仅是踏到许多星球上去旅行而已，而且或许还会达成和如此繁多而又各不相同的姊妹世界上一切已经达到成熟的生命互相交往”。他的考察由此便转入创造人类之前所经历的种种变革。“在我们的空气、我们的水、我们的大地得以出现之前，各式各样的原质之彼此互相分解、互相冲击乃是必要的。有过多少种类的大地、矿石、结晶体乃至贝壳的、植物的、动物的，最后是人类的机体，它们一种之分解与变革为另一种，又有多少是不曾预先设想到的[①]？人类作为一切元素和实体的儿子、他们的最精彩的内容并且好似大地上创造物之花一样，除了是大自然最晚出世的幼子而外，绝不能是什么别的；对于人类的形成和接待必定是预先要经历过多少次的发展和变革。”

地球的圆形，他发现也是在一切可想象的多样性之中所展示出来的统一性的一种令人惊异的对象。“一旦思索到这种形象，有谁还会去皈依哲学上的和宗教上的正统信仰，或者是以一种空洞而神圣的热忱为了它去杀人呢？”甚至于黄道的倾斜，也向他提供了考察人类命运的机会：“在我们的倾斜运行的太阳之下，人类的一切行动都是以年为周期的。”[②]对大气层的深入认识，甚至于天体对它的影响，当进一步加以理解时，在他看来都会对人类的历史带来巨大的影响。在论陆地和海洋的分布那一节里，大地构造被提出来是作为阐明各民族历史之不同的理由的。“亚洲在道德上

① 以上引文及叙述与赫德尔原文有出入；可参看《赫德尔全集》（柏林，1887 年），第 13 卷，第 23、114、257 页。——译注

② 按，这句话不见于赫德尔的原文。可参看赫德尔，前引书，第 10 卷，第 11、21 页。——译注

与习俗上是那么地联系在一起，因为它在地形上是延伸为一片的；反之，小小的红海却道德分歧，小小的波斯湾则更甚。然而美洲的许多湖泊、山脉与河流及其大陆在温带伸张得那么广阔，却不是没有道理的；从人类最早的栖息之所着眼，旧大陆的构造是被大自然有意地安排得与新世界[①]不同的。”

本书第2卷探讨大地的组成，并且是从花岗岩入手的；光、热、罡风和水都在那上面起作用，而且或许促成了石英转化为石灰质，其中就形成了最初的海洋生物，即甲壳动物。继而植物就开始出现。——比较了人类的形成与植物的形成，以及人类的两性爱与植物的开花。把植物界引用于人类。动物界：动物和人类随气候而变化。他们在远古世界都是不完善的。“物种离开人类越远，就越能增殖；越近就越减少。——一切生物都有同一种主要形式，同一种相似的骨骼结构。——从这种过渡看来，似乎水生生物、植物甚而或许所谓绝种的生命都不是不可能由同一种机体秉赋在统治着的，只不过是更加无限地粗糙与混乱而已。永恒的存在者是把一切都看作联系在一起的，从他的眼光来看，或许冰块所被创造的形状和其中所形成的雪花还与母体内胎儿的形成有着一种相类比的关系呢。人类在动物界中乃是一种中间性生物，这就是说乃是最广泛的形式，在他身上以最精致的概括形象汇集了各个物种的全部特征。——从空中和水中，从高山到深谷，我们好像是看见了各种动物都在趋向于人，并且一步步地接近于人的形态。”本卷结尾说：“人啊，欣庆你自己的地位吧；高贵的中间性生物啊，好好地

① “新世界”指新大陆，即美洲。——译注

从你身上所生存着的一切去研究你自己吧!”

本书第3卷以植物的和动物的构造与人类的机体做了比较。既然他对他的目标采用了博物学家的观察方式,所以我们就无法在这里追随他了;现仅举几个结论如下:“通过这样那样的器官,生命就从死亡的植物体中产生出来了生活的刺激,并且从这一切的总和之中经由它那精练的导管而产生出来了感受的媒介。刺激的结果便成为生机,感受的结果便成为思想,这是安置在每种活生物的身上的有机生物体的一种永恒的进程。”著者对于植物和动物都同样不是考虑萌芽而是考虑有机的力量。他说:“正如植物本身是有机的生命,水螅也是有机的生命。因此就有着许多种有机的力量,有生长方面的、有肌肉刺激方面的、有感受方面的,等等。神经越多、越细致,脑子就越大,物种也就变得越明智。动物的灵魂就是一个机体中全部作用力量的总和”;本能并不是一种特殊的自然力量而是大自然通过它的温度而对全部的那些力量所赋予的方向。一种大自然的有机原则——我们时而称之为构造性的(在矿石方面),时而称之为生机性的(在植物方面),时而称之为感受性的,时而称之为人工建设性的;但在根本上则只是同一种有机力量——越是分为更多的器官和不同的肢体,也就越会在它们之中形成一个独特的世界;于是本能也就越会消失,而更加自由地运用自己的心灵和肢体(大致就像人类那样)也就告开始。著者最后论及人类天赋上的本质不同。“直立行走唯独对人类是天赋的,它确实是适合于人类物种的全部天职及其具有与众不同的特性的机体的”。

并不是因为他注定了要有理性,所以他才按照理性为了运用

肢体而被规定了直立姿态的；而是他由于直立的姿态，作为仅只是为了使他能直立行走所必需的那种措施本身的自然作用，才获得了理性的。“让我们以感激的眼光，满怀惊异地在这种神圣的艺术杰作、在这种恩赐的面前停留一小会儿吧，我们这个品种都是由于它才成为了人类；因为我们看到在人类的直立姿势之中开始出现了怎样的新力量机体，以及人怎样由于它才变成为人的！”

著者先生在第4卷中更进一步地发挥了这一论点：“与人相似的生物（猴子）缺少了什么东西，以致它并没有变成人呢？——而人又是从何而来的呢？就是从头颅的造型之适应于直立的形态而来的，是从内外机体之适应于垂直的重心而来的。猴子具有人所具有的全部头脑，但它却是按照它那处于一种压抑状况的头盖骨而具有它们的；而它之所以如此，则是因为它的头颅被构造成为另一种角度而不是被塑造得适应于直立行走的。”于是全部的有机力量也就以另一种方式在起作用了。——“人啊，朝天仰望吧，在战栗之中庆幸你那无可估量的优异性吧，世界的创造者只把它联系到一条如此之简单的原则上，即你那直立的形态。——昂立在大地和杂草之上，于是就不再是嗅觉在统治而是眼睛在统治着了。——随着直立行走，人类就变成了一件艺术创作品，他就获得了自由的、创造性的双手，——只是随着直立行走，才出现了真正人类的语言。——在理论上和实践上，理性都不是别的，只不过是某种获得物罢了，是人类按照自身的机体与生存方式而被塑造出来的那些观念与力量所学会的比例和方向。”再就谈到自由。“人类是一切创造物中第一个被解放者，他是直立的。”羞耻心：“那必定是随着直立的形态马上就发展出来的。”他的本性

是不会屈从于任何特殊的变异性的。“何以是这样？就由于他的直立形态，而不是由于任何别的缘故。——他是为了人道而被塑造出来的：爱好和平、两性的爱情、同情心、母爱，这些都是他那直立结构的人道的萌芽。——正义和真理的规律也是建立在人类这一直立形态的基础之上的，它把人塑造得品行良好；宗教则是最高的人道。匍匐的动物只有模糊的感觉；上帝矗立起来人类，使得人类虽则自身并不明白或有意，却能深察事物的原因并能发现你，你这种万物的伟大联系。但是宗教则带来了对于不朽的希望和信仰。”本书第五卷谈论的就是这些。“从矿石到结晶体，从结晶体到金属，从金属到植物，从植物到动物，最后到人类，我们看到机体的形式在上升，同时被创造物的力量和生机也随之变得多样化，并且最后全部都汇合为人类的形态，只要人类的形态可以容纳它们。——”

“通过这一系列的生命，我们就看出不断在接近于人类形态的主要形式之间有着一种类似性，——正犹如我们也看到力量与生机在接近于人。——每一种生物还都按照大自然所要求于它们的目的而被规定了自己的生命期限。——一种生物的机体越是有组织，则它那结构就越是由更多的低级领域组合而成。人类就是整个世界的一个撮要：石灰、土、盐、酸、油和水、生长力、冲动、感觉等等，都被有机地结合在他身上。——我们由此便被驱向接受一个不可见的力量领域，这一领域恰好处于同样的普遍联系和过渡状态，而且是处于不可见的力量的一种上升序列，正如同在被创造物的可见领域之中是一样的。——这就为灵魂不朽说明了一切问题，并且不仅仅是这一点而已，而且还有世界创造的全部作用着的

活力的延续问题。力量是不会消逝的，尽管器官很可以遭到破坏。凡是被全能的生命鼓舞者召来了生命的，都会生存下去；凡是起作用的，都会永远在它那永恒的普遍联系之中永远起作用。”这些原则并没有加以分析，“因为这里还不是进行分析的地方。”然而，“我们在物质中看到有那么多精神般的力量，以至于这两种确实十分不同的实质，即精神与物质之间的完全对立与矛盾看来即使不是自相矛盾，至少也还没有完全得到证实。”——“没有谁的眼睛看见过预先成形的萌芽。如果有人谈到萌芽渐次生成论，他也只是比喻式地在说仿佛肢体是从外部生长出来似的。但那是生成(genesis)，是内部力量的作用；大自然已经预先配备好了得以生成它们的质材，而它们在其中便使得自己成为可见的。造成我们的躯体的，并不是我们理性的灵魂，而是神明的手指头，即有机的力量。”于是，这就是说：“1. 力量与器官确实是极其密切地联系在一起的，但并不就是同一回事。2. 每种力量都与它的器官相调谐而起作用，因为它造就器官只是为了显示自己的本质并同化自己。3. 表皮脱落时，力量仍然常在；它是早在这一表皮之前就已经预先存在的，尽管是处于一种低级的状态，但仍然是有机的状态。”于是著者就向唯物主义者宣称：“假如我们的灵魂与物质、冲动、运动、生命的全部力量本来就都是同一回事，只是在更高一级、以构造得更精致的机体在起作用而已；那么究竟可曾有人见过运动与冲动的力量在衰退的？而且这类低级的力量和它们的器官是否就是同一回事？”它们之间的联系就意味着，那只能是向前进步。“我们可以把人类看成是各种低等有机力量的巨大汇合，这些力量必须就在其中发育以便培养出人道。”

人类机体之出现在精神力量的王国里，可以这样证明："1.[①]思想是与感官所带给它的东西全然不同的另一种东西；我们有关它那起源的全部经验，都是确实有一个有机的但却自主的、按照精神联合法则而起作用的实体在产生效应的证件。2.正如躯体增长要靠食物，精神则要靠观念；我们确实在它那里甚至看到了同化、生长和生育的法则。总之，我们身上形成了一个内在的、精神的人，他有其自己的特性并且仅仅作为是一种工具而在运用自己的身体的。——这种更光明的意识、人类灵魂的这种伟大的优异性，其本身最初是以一种精神的方式由人道而形成的，等等。"总之一句话，如果我们能正确理解它，那么灵魂首先就是由精神上逐步在出现的力量变来的。——"我们的人道只是预演，只是未来花朵的幼蕾。大自然一步一步抛弃低劣的东西，培植与之相反的精神事物，把美好的东西引导得更加美好；并且我们从她那艺匠的手里可以希望着，我们人道的幼蕾在那种未来的存在之中也将呈现为它那固有的、真正的、神圣的人类形态。"

本节做出的结论如下："人类目前的状态或许是连接着两个世界的中间阶段。——当人类结束了自己作为它的最高、最后阶段的那条地上机体的链锁时，他也就恰好从此开始了自己作为它的最低阶段的那条更高级的物种的链锁；因此他或许就是互相连接着的两种创造物体系之间的中间环节。——它一举而向我们表明了两个世界，而这就形成了它的实质的外表两重性。生命就是一场战斗，纯粹不朽的人道之花乃是一顶得来不易的胜利冠

① 此处普鲁士科学院版原文遗漏"1"字。——译注

冕。——因此我们更高级的兄弟们之热爱我们，确实是更甚于我们能够追求并热爱他们；因为他们对我们的状态看得更清楚，——而且也许他们要教育我们成为他们那种幸福的分享者呢。——这也许不大好想象：未来的状态对于目前的状态，并不像人身之中的动物所非常愿意相信的那样，将是那么地完全无从交通，——所以没有更高级的指导，语言和最初的科学看来就是无法解释的。——即使是在后来的时代里，大地上最巨大的作用也是通过无法解释的境况而呈现的，——甚至于疾病也往往会成为这方面的工具，如果器官变得不能适用于日常范围的地上生活的话；于是内在的不息的力量也许会感受到一个毫无障碍的机体所不可能感受到的印象；这看来乃是十分自然的。——然而人类却不可窥探自己未来的状态，而只能深入地信仰它。”(可是，他一旦相信自己可以向其中窥探时，我们又怎么能禁止他去追求不时地要使用这种能力呢？)——“这一点是十分肯定的，即他的每一项能力都存在着一种无限性；全宇宙的力量就仿佛埋藏在他的灵魂里，并且只需要有一个机体或者一系列的机体就可以使它有活动和用武之地了。正好像花朵耸起并以直立的姿态而结束了地下还没有生命的创造物的王国，——同样地，人类也就直立着而凌驾于一切地上的匍匐者(动物)之上。他站立在这里扬着手高瞻远眺，就像是一家之子在等待着父亲的召唤。”

补充

本书第一部(说第一部，是因为看来还会有许多卷著作问世)的观念和目的如下。它避免一切形而上学的探讨，它对人类灵魂的精神性质、它那持久性以及步入完美之境，都是从与物质的自然构造、尤其是与它们的机体进行类比而得到证明的。因此之故它就认定有精神力量，即某种不可见的创造物的王国，而物质则只不过形成它的结构而已；其中就包括那种构造出一切机体来的活力，并且那还使得这种机体的完美性的模型就成其为人；一切地上的生物从最低级的阶段起就都在趋近于他，直到最后通过不是什么别的而只是这一完美化了的机体本身（它那条件主要地就是动物的直立行走）而变成为人。人的死亡也从未能终止此前在一切品类的创造物中早已详尽显示出来的那种机体的进步与提高；倒不如说它可以使人期待着自然界会过渡到更精致的操作过程，以便使他从而可以需要并提高到未来的更高阶段的生命，并继续下去以至于无穷。

评论者[①]必须承认：即使他愿意接受自然界的创造物那种连续不断的阶段及其趋向于人类的那条规律，他也还是看不出从自然界的类比中就能得出这种推论来。因为现在就有各种不同的生命，他们分别处于不断完善着的机体的各式各样的阶段。因此，根据这样一种类比就只能得出结论说：在另外的什么地方，大概是在另一个星球上吧，可能另有被创造物可以宣称是超乎人类之上的下一个更高的机体阶段；然而那决不是同一个个体所能达到的。从蛆或蛹所发展出来的飞虫，有一种完全特殊的、不同于自然界的通常历程的布置；但是就在这里，变态也不是随着死亡而来而是随着蛹期而来。相反地，这里必须加以证明的倒是：动物即使是在它们腐朽或焚化以后，大自然也要使之从它们的灰烬之中上升为特

① “评论者”系康德自称。——译注

别完美的机体,然后我们才能够根据类比也对已经在这里化为灰烬的人进行这种推论。

因此,同一个人朝着另一生之中更完美的机体的阶段提高,与我们可能想象的大自然国度里全然不同的各类品种和个体的阶段之梯,这两者之间是没有任何最微小的相似之处的。在这里大自然让我们看到的只不外是,她任凭个体完全毁灭而仅只保留了品种;但是在这里我们却要求知道,人类的个体在大地上是不是也能在自己毁灭之后存活下来。这个问题或许可以从道德的或者(假如我们愿意的话)从形而上学的理由加以推论,但却决不能根据任何一种可以看得见的生殖进行类比。而且无论那种积极而自足的力量之不可见的国度究竟涉及些什么,我们仍然看不出何以著者在他已相信从有机的生殖中能够确切推论出它们的存在之后,却不是宁愿由此直接过渡到作为纯粹精神性质的人类思维原则,而无须再从混沌之中通过机体的构造把它们提炼出来。因为那就必定是他把这些精神的力量当作是与人类灵魂全然不同的其他某些东西,并且把灵魂看成并不是特殊的实质而仅仅是对于物质在起作用并激发其生命的一种不可见的普遍大自然的效果而已。要把这种见解加之于他,我们仍然怀着公正的迟疑态度。可是关于作用于机体的不可见的力量这一假说,因而是关于我们所不了解的东西要以我们所更加不了解的东西来加以解释的这一设想,我们一般应该怎么想呢?关于前者,我们至少还可以通过经验学会认识它的法则,尽管其原因本身确实是仍然不得而知;关于后者,我们却连任何经验都被摒除了。于是,除却纯属绝望地要在某种自然知识之中寻找解说以及决心强行求之于诗意的丰饶土地而外,

哲学家在这里要辩明自己的论点又有什么别的好援引的呢？这就仍然是形而上学，甚至于还是非常教条的，虽说由于时尚所要求的那样，我们的著者拒绝了它。

然而有关机体的阶段之梯问题，那么如果它并没有能达到他那远远超出这个世界之外的目标的话，我们也不必对他多所责难；因为它就在大地上应用到自然王国这方面时，也是同样地毫无收获。如果我们按照物种的相似性来逐一地检点物种，那么差别的细微性在如此大量的繁多性的面前，也就正是这种繁多性的必然后果。它们之间只有一种亲属关系，即要么一个物种是从另一个物种之中，并且大家都是从一个唯一的原始物种之中产生出来的，要么就或许都是从一个唯一正在生育着的母体之内产生出来的；但是这就会导致那么可怕的观念，以至于理性就要望而却步了。然而这些是我们不能归之于我们的著者而不会不公道的。至于它们通过全部的动物物种下迄植物界而对比较解剖学所做的贡献，则凡是研究博物学的人都可以自行判断在这里进行了新考察的这一说明，可能加以利用到什么程度以及它究竟有没有什么理由。然而有机力量的统一性(141 页)在一切有机被创造物的繁多性方面是自我形成的，随后又按照歧异性而以各种不同方式作用于这些器官而造成了它们各式各样的物种和品类的全部区别；则这一观念却是完全超出了被观察到的自然知识的领域之外而属于纯粹的思辨哲学了。哪怕就在思辨哲学这里，如果它行得通的话，也会在人们已接受的概念之中引起巨大的灾难的。单是想要确定头颅的机体化就外部而言与其形状的以及就内部而言与其头脑的关系，都是和直立行走这一布局必然地联系在一起的，而且还有：一

个纯然以这一目的为方向的机体又怎么会包括理性能力的基础在内，从而就连动物也都有份；这个问题就显然是越出了全部人类的理性之外的。理性现在可能是在生理学的扶梯上摸索，或者还想要在形而上学的扶梯上飞翔呢。

以上的想法并不能勾销这样一部深思熟虑的著作的全部贡献。其中的一个优点就是(这里且不提那么多足以启人高尚的和真正的深思遐想的优美论述)：本书著者在纯粹的理性尝试方面自觉地有勇气去克服往往会使所有的哲学家都受其束缚的那种疑难地位，即理性自身究竟能够获得多大成功的问题。在这方面我们期待他能有很多的追随者。此外，大自然本身对它那些机体的事务以及它那些被创造物的分类裹上了一层非常神秘的晦涩性，这也要对这部哲学的人类历史的第一部分所附带的晦涩性和不明确性负一部分责任。第一部分的用意是要尽可能地把最遥远的两端，即人类历史所由以出发的那一点和它跨过世界历史之外而消失在无穷之中的那一点，互相结合在一起。

这项尝试确实是大胆的，但对于我们理性的探索欲又是自然而然的，而且即使做得并不完全成功，却并不是不光荣的。而我们更应该期待的则是，我们这位才华横溢的著者在继续他的著作时，将发现在自己的面前有一片坚实的土地并约束自己的奔放的天才；哲学所关切的更在于修剪过于茂密的枝蔓而不只在于促发它们，我们期待着哲学不是靠示意而是靠确切的概念，不是靠臆想的而是靠观察到的法则，不是凭一种无论是由于形而上学还是由感情而来的高飞远举的想象力而是要凭一种在纲领上是广泛铺开的而在运用上却是小心翼翼的理性，从而能够引导他的事业得以完成。

II

赫德尔人类历史哲学观念一书的评论者(《文学通志》第四期及补编)对《条顿信使报》二月号反驳本评论的一篇文章的答复

在《条·信》二月号第148页上，有一位本书的辩护人赫德尔先生以一个牧师的笔名，出面反驳所谓我们《文学通志》上的攻击。把一位受人尊敬的作家的名字卷进评论者和反评论者之间的争论里去，这是很不恰当的；因此我们在这里只想辩明我们在论述和评判这部著作时的工作作风是符合该杂志本身所采用的准绳，即严谨、公正和节制这些准则的。这位牧师在他的文章里针对他心目中的一位形而上学家大肆争论；他把这位形而上学家描写成对一切通过经验途径而得来的教诲，或者如果这样还嫌不够的话，描写成对根据自然界的类比而得出来的推论已经全然昏瞀了，并且要把一切都塞进自己那经院的、空洞的抽象模型里面去。评论者本人很可以略过这一争论不谈，因为在这上面他和牧师的意见完全一致；评论本身就是它最好的证明。可是评论者既然相信自己很懂得一些人类学的材料以及一些它们的运用方法，可以就整个人类的天职探讨人类的历史；所以他就确信这决不能求之于形而上学，也决不能求之于以人类的骨骼与其他物种的骨骼进行比较的自然博物馆；而且最不可能的则是后一种办法居然可以引出人类对于另一个世界的天职，那是只能在他由之以显示自己的品质的行为之中才能发现的。

评论者又被说服，赫德尔先生从来也不曾有过这样的目标，即要在他的著作的第一部中(这部分只在于把人类表现为处于普遍

的自然体系之中的动物，因而也就是未来观念的一种前兆）为人类历史提供实际的材料；它只是提供一种能够引起生理学家注意的想法，把生理学家常常是只着眼于动物结构的机械目的的那种研究尽可能地一直扩充到这种被创造物之能运用理性的合目的的机体上面来，虽说他在这上面所加的分量要大于与它所相称的。而且一个属于这后一种意见的人，也并不必须（像这位牧师在第161页上所要求的那样）证明：人类的机体即使在另一种形式之下也还是可能的；因为这一点就正如说它唯有在目前的形式之下才有可能，是一样地不会被人认识出来的。对经验的理性运用，也有它的限度。经验确实可以教给我们，某种事物是这样或那样得出来的，但却从不会教给我们，它决不能是另外的样子；而且任何类比也填不满偶然和必然二者之间这条无法揣测的鸿沟。我们在评论中说过："如果我们按照物种的相似性来逐一地检点物种，那么差别的细微性在如此大量的繁多性的面前，也就正是这种繁多性的必然后果。它们之间只有一种亲属关系，即要么一个物种是从另一个物种之中或者[①]大家都是从一个唯一的原始物种之中产生出来的，要么就或许都是从一个唯一正在生育着的母体之内产生出来的；但是这就会导致那么可怕的观念，以至于理性就要望而却步了。这些是我们不能归之于我们的著者而不会不公道的。"

这段话误使这位牧师相信，在我们对这部著作的评论中仿佛可以看出有形而上学的正统，因而也就是不宽容。于是他就提出："健全的理性任其自由，就对任何观念也不会望而却步。"但是在他

① 此处"或者"上节原文中作"并且"。——译注

所幻想的一切之中，并没有任何东西是可怕的。可怕的仅仅是普遍人类理性的 horror vacui[害怕真空]，亦即当人们碰到根本无法去思维任何东西的那种观念时，才会望而却步。而在这种观点之下，本体论的条文就很可以用来当作神学上的而且恰恰是宗教宽容方面的教规了。这位牧师还发现，把思想自由这一功绩归功于本书，对于这么著名的一位作家来说未免太平凡了。毫无疑问他的意思是说，那谈的只是外在的自由，外在的自由由于要以地点和时间为转移，所以事实上根本就不是什么功绩。可是书评却是眼中有着内在的自由的，亦即摆脱了习惯的并被舆论所强化了的概念和思想方式的束缚的那种自由；这是那么极不平凡的一种自由，就连纯以哲学家自命的人也很少能努力上升到那种地步。他责备这篇评论说："它所引征的都是些表述结果的章节，而没有同时引征为这些结果作准备的章节。"这对于所有的作家来说都可能是一种无可避免的坏事；但无论如何那总比仅仅一般地引这一节或那一节来加以称赞或谴责要更可原谅得多。这样，我们就仍然是以对著者的荣名而更其是对著者未来的荣名怀着恰如其分的尊敬乃至于同情，在评论上述这部著作的；因之这就和这位牧师在第 161 页中(并不很负责任地)塞进来的什么本书并未能完成它的题名所允诺的东西之类的话，说起来是完全不同的。因为本书的题名根本就没有允诺什么，本书第一卷中只是包括普通生理学的预习，借以完成可以期待于随后几卷(就我们所能判断的而言，其中将包括确切的人类学)的内容。提醒一下这一点并不是多余的：本卷中对自由加以节缩，就可以有助于下一卷中对自由加以优容。此外，现在就只有待于著者本人来完成本书的题名所允诺的那种东西了；

这是我们有理由可以寄希望于他的才能和他的博学的。

III

里加与莱比锡，哈特克诺克版。

约翰·高特弗里德·赫德尔著《人类历史哲学观念》第二部，第344页，1785年。

本书第二部写至第10卷为止。首先在第6卷以6节篇幅描述了北极附近以及地球上的亚洲山系一带各个民族的、已经开化的各个民族和非洲各国地区的、热带地区的海岛居民和美洲人[①]的组织。著者结束这一描述时，表示希望能对于尼布尔、巴金逊、柯克、霍斯特、乔尔琪[②]等人已经提供开端的有关这些国家的新描绘做出一个总结。“如果有谁能把有关我们人类到处散布着的分歧性的各种真实画像汇集起来，并从而奠定一种明确的有关人类的自然学说和人相学，那会是多么好的一桩礼品啊！[③] 艺术恐怕难得加以更哲学式的应用了吧。一张人类学的地图，要像齐默曼[④]所追求的一张动物学的地图那样，除了人类的分歧性的面貌而外就决不再表示任何别的东西，但是它却要表示出其全部的现

① “美洲人”此处指印第安人。——译注

② 尼布尔（Carsten Niebuhr，1733—1815），德国旅行家，巴金逊（James Parkinson，1730？—1813），英国博物学家，柯克（James Cook，1728—1779），英国航海家，霍斯特（Höst，生卒年不详），德国旅行家，乔尔琪（Ivan Gottlieb Giorgi，1729—1802），俄国博物学家。——译注

③ 此处引文与原文略有出入。——译注

④ 指德国地理学家齐默曼（Eberhard August Wilhelem von Zimmermann，1743—1815）《人类地理史》（1778年）一书。——译注

象和各个方面;这样一张地图就会成为博爱主义著作的冠冕的。”

第7卷首先考察了这一命题,即人类虽有如此之不同的形式,却到处都只是一个物种,并且这一物种在大地之上到处都已经风土相宜了。随后就阐明气候对于人类身体与灵魂形成的作用。著者尖锐地提出,在我们要能对人类全部的思维能力与感受能力达到一种生理-病理学、还不用说气候学之前,现在还缺少许多准备工作;各种原因和后果的混淆,它们和其他情况一道造成地区的高低、各地区的特点及其物产、饮食、生活方式、劳动、衣着乃至习俗态度、娱乐和艺术,要把这些安排到使每一件事物、每一个个别部位都能各得其宜而又没有过与不及的一个世界里,那是不可能的事。因此,他就以一种可赞美的谦虚宣称(第92页),就连第99页以下的一般解说也仅只是作为问题提出来的。它们包括以下的主要命题:1.由于各式各样的原因,在大地之上就促成了一种使有生之物得以生存的气候上的共同性。2.我们大地之上可居住的土地都集中在大多数的生命体能以最使自己得到满足的形式而起作用的地区;大陆的这种位置对它的各种气候都有影响。3.由于大地构造成为山地,所以不仅仅是气候本身对于大多数有生之物有着无数的变化,而且人类的蔓延只要能够加以防止,也就得到了防止。

著者在本卷第四节中声称,创生能力乃是大地上的一切构成之母,气候则只是对它起友好的或敌对的作用而已;并以有关创生(Genesis)与气候之间的冲突的一些评论作为结束。除了谈到其它而外,他还希望能有一部我们人类按照气候与时代而发生和转化的物理-地理学史。

在第8卷中,赫先生探索了人类心灵的运用、人类的想象力、他的实践理解、他的欲望和幸福,并且还以各个不同国家的事例来说明传统、意见、训练和习惯的影响。

第9卷讨论了人类发展自己的能力时对于别人的依赖性,讨论了语言之作为人类教育的媒介,讨论了由于模仿、理性和语言而发明了艺术和科学,讨论了绝大部分政府作为人类继承传统的一种确立的制度;并以对于宗教和最古老的传统[①]的意见作为结束。

第10卷大部分包括著者在别处所已经发挥过的思想的结果;其中除了考察人类最初的居住地和亚洲关于创造大地和人类的传说而外,还依据圣书,即人类最古老的文献,复述了有关摩西创世记这一假说的要点。

这里关于本书第二部分的枯燥报道,只是通告本书的内容而不是叙述本书的精神;它邀请人去阅读这部书而不是代替对本书的阅读或者使之成为不必要。

第6卷和第7卷几乎绝大部分只是包括民族志的摘录;那的确是选择精当、编纂出色,并且处处贯彻着他所特有的那种机智的判断;但是正由于这个缘故就更不可能详尽摘录了。我们这里的目的也不是要摘出或者分析那么多文风充满着诗意的美妙的段落,这一点是每个有感受力的读者自己都会赞赏的。我们这里只是要略微探讨一下:是不是这种使他的表达充满生气的诗意的精神有时候也闯到著者的哲学里去,是不是同义字在这里或那里被

① 按赫德尔书中第九卷原文为"宗教是大地上最古老和最神圣的传统",并非如此处把宗教与最古老的传统分为二事。——译注

当成了解释而比喻被当成了真理，是不是它并非从哲学的区域时或走入相邻的诗歌语言的范围里去而是把两者的界限和领土完全搅乱了，以及是不是在许多地方大胆的隐喻、诗歌的形象、神话的示意倒毋宁是用来好像在一条大裙子[①]下面那样遮掩了思想的实体，而没有让它好像在一层透明的幕幔下面那样闪耀出悦目的光彩来。例如，我们留待给哲学风范美好的批评家或者是著者本人的最后手笔去探讨，是不是说“不仅是日夜和季节的更迭改变了气候”要比第99页的说法“不仅是日夜和季节交替的序列舞改变了气候”更好一些；是不是第100页适宜于用如下这种无疑是形象美妙的希腊酒神颂歌来对这类改变加以自然历史的描叙：“它的（地球的）时辰在环绕着木星的王座跳着序列舞，而它们脚下所形成的东西确实不外是一种不完美的完美性，因为一切都建立在不同种类事物的聚会的基础之上，但是通过彼此之间内在的爱情和婚姻就到处都诞生了大自然的儿女，即可感觉的合规律性和美”；或者是不是从第八卷所开始的如下这一转变，即由一个游记撰写者关于不同民族的组成以及关于气候的论叙过渡到汇集从其中抽绎出来的共同命题，史诗化得太过分了：“就像一个人在大海波涛里要到空中来进行航行似的，我现在就在论人类的形成与自然力之后要来谈他的精神，并且斗胆依据陌生的、残缺的而又部分是靠不住的材料来研究它在我们广阔的地球之上的那种变动不居的特性。”我们也不想追究是不是他那滔滔不绝的雄辩在这里或那里把他卷

① “大裙子”（Vertugade）指16世纪开始流行的西欧贵族妇女弹弓式的大裙子，可以遮掩身体的畸形。——译注

入了矛盾;例如第 248 页提出,发明家往往必须更多地把自己发明创造的好处留给后世,而不是为了自己本人,是不是这就为如下的命题提供了新的例证,即有关运用自己理性的人类自然秉赋将只是在全物种的身上而不是在个体的身上才能得到充分发展[1];著者已经倾向于这一命题以及由此所推导出来的一些命题了,尽管还未能正确地加以把握,第 206 页几乎还在责备侵犯了大自然的尊严呢(另有人则以散文而称之为亵渎神明)。鉴于本文所处地位的限制,这一切我们在这里都只好不去涉及。

有一件事是评论者既希望于我们的著者,也同样希望于任何其他从事研究人类普遍的自然历史的哲学家的;那就是,一个历史的-批判的头脑要做好准备,从不可胜数的大量民族志和游记以及它们全部有关人性的臆测报道之中,主要地是能摘出那些互相矛盾的东西,并且(按每一个叙述者的可信程度而附以评论)把它们彼此一一排列出来。这样一来,就不会有任何人那么鲁莽地立足于片面的报道之上,而不预先去确切衡量一下别人的报告了。然而现在只要我们愿意,我们却可以从大量的风土记述之中证明美洲人、西藏人和其他值得注意的蒙古民族都是没有胡须的;可是谁要是高兴,也可以证明他们全都是有胡须的,都是他们自己把胡须拔掉了。又可以证明,美洲人和黑人在精神秉赋上乃是低于其他人类成员的种族;可是另一方面恰好根据表面上同样的报告,也可以证明他们在他们的自然秉赋上可以被评价为与任何的其他世界居民都是相等的。因而就有待于哲学家去选择,究竟是承认天然

① 见《世界公民观点之下的普遍历史观念》命题二。——译注

的不同性呢，还是根据 tout comme chez nous[一切都和我们一样]这条原则来评判一切呢；于是他那全部建立在如此之摇摆不定的基础之上的体系，也就必定带有一种支离破碎的假说的外貌了。

人类分成为各个种族这件事没有能博得我们著者的欢心，而尤其是那种基于遗传肤色的分类；想来是因为种族这个概念对他还不很明确吧。在第 7 卷第 3 节中，他把人世气候不同的原因称为一种遗传的力量。评论者本人是以这些词句在著者自己心目中的那种意义在表达这些概念的。一方面他摒斥进化论的体系，但是另一方面又摒斥外部原因的纯机械的影响，认为并不适用于解说原则。于是他就采用了一种内在的、按照外界环境之不同而能相应地自行调节的生命原则作为它们的原因，评论人在这一点上对他完全赞同，但只有一项保留：即，如果这种由内部起组织作用的原因由于其本性，也许在被创造物的形成过程中仅只限于一定数量上与程度上的差异（按这种办法，它就不能在已经改变了的环境之下，有进一步再形成另一种类型的自由）；那么我们仍然很可以把这一发育性的自然规定称之为种子或原始秉赋，而不必因此（就像在进化论体系中那样）把前者看成是自始储存着的并且仅仅是偶或彼此包蕴着的机制和蓓蕾，反倒应该看成是纯属一种尚未能进一步得到解释的自我发育的能量的局限，而这后者我们恰好不大能解释或者是使之为人理解。

从第 8 卷便开始了一条新的思想线索，它一直持续到本书第二部分的结尾，并且包括人类（作为一种理性的和道德的被创造物）教育的起源，因而也就是一切文化的开端。按照著者的意思，这不应该求之于人类所固有的能量，而应该完全在此之外求之于

别种天性的教诲和指示。由此而来的一切文化上的进步都不是什么别的，只不外是一个原始传统的继续传播和偶然滋蔓而已；人类应该把自己趋向智慧归功于这一点，而不应该归功于自己本身。既然评论人，当他涉足于自然界与理性认识途径以外的时候，很明白自己是无能为力的，既然他根本不曾涉猎过学术性的语言研究与古文献的知识或考订；所以他一点也不懂得从哲学上去使用其中所述及的并且经过检验的事实。因此他就满足于自己在这方面不能做出任何判断。同时著者的博学多闻和把零碎材料用一个观点贯穿起来的那种特殊才干，很可能预先就使人料想到，至少关于人类事务的行程我们将会读到许多美妙的东西，从而能够有助于使人更深一步学会认识物种的特性，甚而可能的话还有某些经典上有关它们的区别；这即使是对那些对于全部人类文化的最初开端持有另一种意见的人们，也是会有教益的。著者（在第 338—339 页及附录中）简短地表明了自己的立场如下："这一（摩西的）教诲就说明了：最初被创造的人是与指教一切的耶和华[①]相通的，他们在他的指导之下通过动物的认识而获得了自己的语言和占统治地位的理性；并且既然人愿意以一种遭到禁止的方式也像它们一样地认识恶[②]，他就非常惋惜地得到了它，并且从那时候起他就占有了另一种地位，开始了一种新的人为的生活方式。假如当时神明愿意使人类运用理性和先见的话，那么他们就一定会接受理性和先见了。——可是，耶和华是怎样在接受他们的呢，也就是说

① 此处"耶和华"原文系用希伯来古拼法 Elohim。——译注

② 事见《旧约·创世记》第 3 章。——译注

是怎样在教诲、警告和通知他们的呢？假如问这个问题不是正像回答这个问题一样地大胆，那么传说本身就会在另一个地方给我们以对这个问题的启示。”

在一片没有人经历过的荒野上，一个思想家必定也像一个旅行家一样可以自由地随意选择自己的路径。我们只好等着看他是怎样走通的；而且是否在他达到自己的目标之后又能安然无恙地及时回到家里来，即回到理性的位置上来，以及他是否能期待着自己有追随者。因此之故，评论人对于著者本人所采取的那条思想路径并没有什么话要说；只不过评论人相信自己也有理由从事保卫在这条道路上遭到著者攻击的某些命题，因为他也应该享有为自己描出自己的路径的那种自由。第260页就这样说：“这对于人类历史哲学的确是一条轻松的但又是邪恶的原则：即人类是一种需要有一个主人并把自己最终天职的幸运寄托在这位主人或主人联合体的身上的动物。”[①]这条原则可能总是轻松的，因为各个时代和各个民族的经验全都在证实它；但为什么是邪恶的呢？第205页上说道：“天意考虑得很仁慈，它偏爱个别的人的轻松的幸福更有甚于大社会的人为的终极目的，并且暂时要尽其最大的可能来节约那种代价高昂的国家机器。”完全正确，但首先是一个动物的幸福，然后是一个孩子的幸福，一个青年的幸福，最后是一个成人的幸福。在人类的各个时代里，正如在同一个时代的各种地位里，我们都发现幸福恰好是与被创造物在自己所由以出生和成长的那种环境之下的概念和习惯相适应的。就这一点而论，则幸

① 可参看《世界公民观点之下的普遍历史观念》命题六。——译注

福程度的比较以及人类的一个阶级或一个世代对于另一个的优越性，从来都是不可能规定的。难道天意所固有的目的不就是并非每一个人为自己所勾绘出来的这种幸福的轮廓，反而是由此而登上舞台的那种不断在前进着和生长着的活动和文化，而其最大的可能程度就只能是依据人权概念所安排的一个国家体制的产物，因而也就是人类自身的作品吗？按第206页说也就是："每一个个人在自身之中都有自己幸福的尺度"，而在享受这种幸福时并没有什么东西是要屈居于另一个后辈成员之下的。然而就价值而论——不是指他们的状况（当其存在时）的价值，而是指他们存在本身的价值，亦即他们何以本来就存在，——则这里就唯有在整体之中才能显示出一种智慧的目标来。著者先生的意思很可能是：如果从没有被文明国家所访问过的塔希提岛[1]上的幸福的居民，注定了要在他们那种宁静的散懒之中生活上几千个世纪，我们就可以对如下的问题做出令人满意的答复了：到底他们为什么居然存在？以及这个岛屿如果是被幸福的牛羊而不是被处于单纯享乐之中的幸福的人们所盘踞，难道就不会同样地好么？因此那条原则就并不如著者先生所设想的那么邪恶。——也可能说这种话的，就是一个邪恶的人吧。[2]

再一条要加以保卫的命题就是如下这一条。第212页上说道："如果有人说，并不是个别的人而只有整个人类才能受到教育，

① 塔希提(Otaheite，即 Tahiti)岛为南太平洋社会群岛中的一个岛屿，岛上居民被认为尚未接触过文明社会。——译注

② 按最后这一句话是康德本人的自嘲；可参看《世界公民观点之下的普遍历史观念》命题五。——译注

那么在我看来他说的就是不可理解的话，因为种和类除了是存在于个体之中而外，就只不外是一般的概念罢了。——就像当我们谈到一般的动物性、矿石性、金属性，并且以种种最美好的、但在一个个体之中却是彼此相矛盾的属性来装点它们那样！阿威罗伊的哲学[①]是决不能以这种方式来改变我们的历史哲学的。”当然，谁要是说，没有一匹马是生角的，但是马这个物种却是生角的；他就显然是在胡说八道。因为物种并不是指别的，只不过恰恰是每个个体彼此之间所必须符合一致的特征。但是如果人类就是指一系列朝着无穷（无限）前进的世世代代的总合（正如这种意义乃是十分常见的），并且我们假定这条线索是在不断地趋近于和它并肩而行的它那天职；那么要是说它在其各个方面都在渐近于这一天职并且在整体上也是与之相符合的，这种说法就并没有任何矛盾。换句话说，人类的世世代代之中并不是哪一个环节而只有整个的物种才能充分完成它的天职。[②] 数学家就可以对这个问题做出阐释。哲学家则是说：人类的天职在整体上就是永不中止的进步，而它的完成则在于一项纯粹的但在各个方面又是非常之有用的有关最终鹄的的观念，我们在这上面必须依照天意的观点来指导我们的努力。

然而上述有争论的章节中的这类误解，都只不过是细节。更重要的还是它的结论：“（它说）阿威罗伊的哲学是决不能以这种方

① 阿威罗伊（Ibn Rushid Averroës，1126—1198）为中世纪西班牙阿拉伯哲学家，此处指阿威罗伊关于灵魂不朽的论点，即不朽的并不是个体而是普遍的精神。——译注

② 参看《世界公民观点之下的普遍历史观念》命题二。——译注

式来改变我们的历史哲学的。”由此可以推论，我们的著者既是那样一再地表示厌恶人们迄今为止作为哲学所提出的一切东西，所以他现在就不会以一种毫无内容的章句训诂而是要通过事迹和例证，在这部详尽的著作里面贡献给世界一份可敬的哲学思维方式的典范。

人类历史起源臆测[①]

在历史叙述的过程之中，为了弥补文献的不足而插入各种臆测，这是完全可以允许的；因为作为远因的前奏与作为影响的后果，对我们之发掘中间的环节可以提供一条相当可靠的线索，使历史的过渡得以为人理解。但是单单要凭臆测而整个建立起一部历史来，那看来就比撰写一部传奇好不了多少了。它可以说不能叫作一部臆测的历史，而只能叫作一部单纯的虚构。可是，凡属叙述人类行为的历史时所无法加以尝试的东西，我们却很可以通过臆测来探索它那——就其是大自然的产物而论——最初的起源。因为这件事并不需要虚构，而是可以根据经验来加以推论的；只要我们假定人类的行为在其最初起源时就正如我们目前所发现的一样，既不更好些也不更坏些，——这个假设是符合自然界的类比的，并且不会带来任何冒险的成分。因此，一部出自人性中原始秉赋的自由的最初发展史，就与一部自由的前进过程的历史（后者只能以文献为根据）是全然不同的另外一回事了。

然而臆测却不能过高地要求人们同意，而是至多也就只能宣

① 本文写于1785年（康德61岁），最初刊载于《柏林月刊》1786年第7卷，第1—27页。译文据普鲁士皇家科学院编《康德全集》（柏林，格·雷麦版，1912年），第8卷，第107—123页译出。——译注

称它自己无非是想象力在理性的指导之下进行着一场可以允许的心灵休憩与保健的活动罢了，而绝不是一件什么严肃的事情。所以它也就不能和那种把同样的这一事件作为是真实的消息来报道并且为人们所相信的历史——其证明有赖于与单纯的自然哲学全然不同的其他根据——相提并论。正是因此，并且也因为我在这里纯乎是在试图做一次漫游；所以我就很可以期待着人们将会惠允我在这里使用一部圣书作为导游图，同时惠允我想象仿佛我凭借着想象力的飞翼——尽管并不是没有一条理性与经验相结合的线索——所进行的这个游程，恰好是邂逅了那部圣书所早已历史性地指出了的途径。读者们可以翻阅该书（摩西第一经[①]，第二章至第六章）的有关各页，并且可以一步一步地检查哲学依据概念所采取的道路与历史学所揭示的道路是不是相符合。

假如我们不想臆测过分，那么我们就必须以人类理性根据此前的自然原因所无法推论的东西作为开端，也就是说以人类的存在作为开端；而且又须以人类业已成熟作为开始。因为他们必须已无需母亲的扶持；他们还得有配偶，从而才可以延续自己的品种；并且还只能是单一的配偶，从而当人们互相接近而又彼此陌生的时候，才不至于立即发生战争，而且大自然也才不至于被指责为对于人类天职的最伟大的目的——亦即大自然要通过出生方面的多样性而使他们以最适当的布局走向社会性——犯了错误；毫无疑问，所有的人都将由之而出生的那个家庭的统一性，乃是达到这一目的的最好的安排。我要把这对配偶安置在一个既不受猛兽的侵袭、又具备一切使大自然可以丰富地提供食物的手段的地点，同

① 摩西第一经即《旧约·创世记》。——译注

时还有着像一座**花园**似的四时美好的季节。并且更有甚者，我仅只是在这对配偶已经在使用自己力量的技术性这方面做出了重大的进步之后再来考察他们，而不是从他们天性的全部粗糙性而开始；因为假如我要从事弥补这段可以想见是包含着极悠久的时期的空白的话，那就很可能对读者来说未免臆测太多而概然性却又太少了。因此之故，最初的人就是可以**直立**和**行走**的；他能**说话**（摩西第一经，第 2 章，第 20 节[①]）[②]，甚至还能**谈论**，也就是说能按照联贯的概念来说话（第 23 节[③]），因而就能**思想**。这些真正的技术性全部都必须他亲自去获得，因为假如它们是生来就有的话，那么它们也就会遗传下去了，但这是与经验相违反的。可是我现在假定他已经具备了这些技术性，以便仅只对他的行为举止——它们必须以这些技术性为前提——的道德发展进行考察。

起初必定是只有本能这个一切动物都须听从的**上帝的声音**，在引导着这个新学徒。这个本能就允许他以某些东西，而又禁止他以另外的某些东西作为食物（第 3 章，第 2—3 节[④]）。但是并没

① 《创世记》第 2 章，第 20 节："那人便给一切牲畜和空中飞鸟、野地走兽都起了名。"——译注

② 人们还在孤独的时候，就要向自己以外的其他生物**表达自己**，——特别是向那些能发声的动物，他们模仿那些声音，随后那些声音就用来作为名称了——**这一冲动**就促动人们首先要宣告自己的存在。我们至今还可以在儿童和不用思想的人们中间看到类似这种冲动的作用，他们用呼声、喊叫、嘶嘘、高唱以及其他种种喧嚣作乐（往往还有类似的祷告）来扰乱共同体中肯思想的那部分人。除了他们想要广为宣告自己的存在而外，我看不出这里面还有什么别的动机。

③ 《创世记》第 2 章，第 23 节："那人说，这是我骨中的骨、肉中的肉，可以称她为女人，因为她是从男人身上取出来的。"——译注

④ 《创世记》第 2 章，第 2 至 3 节："园中树上的果子我们可以吃，唯有园当中那棵树上的果子，上帝曾说你们不可吃也不可摸。"——译注

有必要由于这个缘故便假定有一种特殊的本能是现在已经丧失了的;它可能只不过是嗅觉官能及其与味觉感官之间的亲密联系、后者与消化器官之间的那种人所熟知的共同感觉以及(正如我们现在还可以察觉到的)对于享用某种食品适宜或不适宜的预感能力而已。我们甚至可以假定,最初这对配偶身上的这种官能并不比它在今天来得更敏锐;因为一味关怀着自己感官享受的人与同时也关怀着自己的思想因而摆脱了自己感官享受的人,两者在感受能力上可以有着怎样的差别,这已是人所共知的事。

只要没有经验的人听从大自然的这种召唤,他就会发现自己过得很不错。可是理性却马上就来促动他,并且通过以口腹之欲来和并不与本能相结合在一起的其它某种官能相比较——例如某种视觉官能可以提供与此前的口腹之欲并不相似的事物——而力图把他的饮食知识扩大到本能的限度之外(第 3 章,第 6 节[①])。这种尝试,尽管没有本能加以劝告,但只要不违反本能,就可能以偶然的方式而得到很好的结果。但是理性却具有一种特性,那就是它可以靠想象力的帮助便创造出种种愿望来,这些愿望不仅不具备任何有此倾向的天赋冲动而且还与之相反。它们起初就叫作情欲,然而它们却由此一步一步地炮制出一大堆多余的、甚至于是违反自然的倾向来,可以称之为骄奢淫逸。成其为背叛天赋冲动的缘由的,很可能只是一些小事;可是这一最初尝试的后果——那就是,意识到自己的理性乃是一种可以使自己超出于一切动物都

① 《创世记》第 3 章,第 6 节:"于是女人见那棵树的果子好做食物,也悦人的眼目,且是可喜爱的,能使人有智慧,就摘下果子来吃了。"——译注

被定着的那种范围之外的能力，——却是非常之重要的，并且决定了未来的生活方式。因此，它或许只不过是一个果子而已，这个果子的形象由于其酷似别的已经被人品尝过的可口的果子而引动了人；此外它还有着某种动物的先例，那种动物的天性是适宜这样一种享受的，正如对于人类那却恰好相反乃是有害的一样[①]。因而其结果便成为天赋本能的自相冲突。于是，这就已经能给予理性以最初的机缘来反叛大自然的声音（第 3 章，第 1 节[②]），并且使之不顾大自然的抵抗而做出了自由抉择的最初尝试；这一尝试作为最初的一次，很可能并没有按照预期而得到满足。这一损失可能就像是人们所愿望的那样微不足道，然而它却从此开启了人类的眼界（第 7 节[③]）。他发现自己有一种为自己抉择生活方式的能力，而不是像别的动物那样要被束缚于唯一的一种生活方式。这一显著的优越性所可能唤醒他的那种一瞬间的欢慰，却又必定立刻就继之以忧虑和焦灼：他还不能就事物隐蔽的本性和长远的效果来认识任何的事物，又怎么能运用自己这一新发现的能力呢？他仿佛是站在一座深渊的边缘；因为迄今为止都是本能在向他指点着他所欲望的唯一对象，但是现在这里面却向他展示了无穷的对象，而他自己还一点都不懂得怎样去加以选择；然而现在从这种一朝已经被尝到了的自由状态，他却又不可能再返回到奴役（受本能统治的）状态。

① 按此处系指蛇在乐园中引诱夏娃吃禁果的故事，见《创世记》第 3 章。——译注

② 《创世记》第 3 章，第 1 节："蛇对女人说，上帝岂是真说不许你们吃园中所有树上的果子么？"——译注

③ 《创世记》第 3 章，第 7 节："他们二人的眼睛就明亮了。"——译注

大自然所用以保全每一个个体的，乃是饮食的本能；其次最为重要的，便是男女的本能，大自然就靠它来顾全每一个种族。理性一旦活跃起来了之后，便毫不迟疑地也要在这方面验证自己的作用力。人类很快地就发现：性的吸引力在动物的身上仅仅是靠一种转瞬即逝的、大部分是周期性的冲动，但它对于人类却有本领通过想象力而加以延长，甚至于增加；对象离开感官越远，想象力就确实越是以更大的节制、然而同时却又更为持久地和一贯地在发挥它那作用，因此便防止了单纯的动物欲望的满足所带来的那种厌倦之感。所以比起理性初期发展阶段的表现来，无花果的叶子（第7节[①]）便是理性更进一步的重要表现的产物。因为人能使自己的对象脱离开感官、从而使之更加内心化和更加持久化的这一倾向，就已经标志着理性之驾驭冲动的某种意识了，而不是像在第一步那样，单纯是在或大或小的范围之内为冲动服务的一种能力而已。求爱见拒乃是一种艺术杰作，为的是好从单纯感官的吸引力过渡到理想的吸引力，从单纯的动物欲望逐步过渡到爱情，并且随之而从单纯欢悦的感觉过渡到起初仅只是对于人物、但后来也是对于大自然之美的品评。此外，谦虚——亦即以良好的风度（即隐蔽起来那些可能惹人轻视的东西）而引起别人对我们尊敬的那种倾向——作为一切真正社会性的固有基础，就为人类之形成为一种道德性的生物做出了最初的示意。这一微小的开端就由于它赋予思想方式以一种崭新的方向而开辟了一个新纪元；它要比继之而来的整个一系列数不清的文化扩展还要更加重要得多。

---

① 《创世记》第3章，第7节："……才知道自己是赤身露体，便拿无花果树的叶子为自己编作裙子。"——译注

当其已经涉足于这些最初直接为人所感到的需要之后，理性的第三步便是深思熟虑地**期待着未来**。不是单纯享受目前一瞬间的生活而是要使自己面向将来的、往往是异常之遥远的时代的这种能力，乃是人类的优越性之最有决定性的标志，它使人类根据自己的天职在准备着遥远的目的；——然而它同时也是无从确定的未来所引起的忧虑和愁苦的无穷无尽的根源，而那却是一切动物都可以免除的(第 13—19 节[①])。男人必须养活他自身和妻子以及未来的孩子，他预见到自己的劳动在不断增重的艰难困苦；女人预见到大自然使女性所屈从的担负，以及比她更强而有力的男子所加之于她的额外的担负。两人又都在生活艰苦的背后、在这幅画面的背景之上，满怀恐惧地预见到一切动物所确实不可避免会遭遇到的、但却不会使它们忧愁的那种东西——那就是死亡。对这个给他们造成了这一切灾难的理性加以使用，看起来简直是该受谴责的，是犯罪的。也许他们所树立的唯一可以自慰的前景，就是他们的后代或许生活得会好一些，或者是这些家庭成员可以减轻一些他们的重担(第 16—20 节[②])。

① 《创世记》第 3 章，第 13—15 节："耶和华上帝对女人说，你做的是什么事呢？女人说，那蛇引诱我，我就吃了。耶和华上帝对蛇说，你既做了这事，就必受咒诅，比一切的牲畜野兽更甚；你必用肚子行走，终身吃土。我又叫你和女人彼此为仇，你的后裔和女人的后裔也彼此为仇；女人的后裔要伤你的头，你要伤他的脚跟。"其余见下面的一条注。——译注

② 《创世记》第 3 章，第 16—20 节："(上帝)又对女人说，我必多多增加你怀胎的苦楚，你生产儿女必多受苦楚。你必恋慕你丈夫，你丈夫必管辖你。又对亚当说，……你必终身劳苦才能从地里得吃的，地必给你长出荆棘和蒺藜来，你也要吃田间的菜蔬；你必汗流满面才得糊口，直到你归了土，因为你是从土而生的，你本是尘土，仍要归于尘土。亚当给他妻子起名叫夏娃，因为他是众生之母。"按，可参看洛克《政府论》上卷，第 67 节。——译注

理性使人类得以完全超出于动物社会的第四步和最后一步就是：他理解到（不管是多么模糊地）他才真正是大自然的目的，大地之上所生存着的没有任何一种东西在这方面可以和他相匹敌。当他第一次向羊说：你蒙的皮大自然把它赐给你，并不是为了你而是为了我，并且把它揭下来穿在自己的身上（第21节[①]）；这时候，他就具备了使他的本性可以超出于一切动物之上的一种特权，他不再把它们看作是和自己同类的被创造物，而只把它们看作是由他任意支配以达到自己所喜爱的目标的手段和工具。这一观念就包含了（不管是多么模糊地）如下的对立命题的思想：他不可以对任何人这样地说话[②]，而是应该把别人也看成是对大自然的恩赐的平等的分享者[③]，这就是理性在未来将要着眼于他的同胞而对他的意志加以限制的一项长远的准备了，这对于社会的建立而言[④]要远比感情和爱情更为必要。

这样，人类便处于所有有理性的生物一律平等，而不问他们的品级如何（第3章，第22节[⑤]）；也就是说，就其本身就是目的的这一要求而言，他就应该作为这样的一个人而为每一个别人所尊重，而绝不能作为单纯是达到其他目的的手段而被任何别人加以使

---

① 《创世记》第3章，第21节："耶和华上帝为亚当和他的妻子用皮子做衣服给他们穿。"——译注

② 指像对动物那样地说话。——译注

③ 参见《道德形而上学探本》第2节，又《实践理性批判》第1部，第1卷，第2章，第5节。——译注

④ "社会"指公民社会，亦即国家。——译注

⑤ 《创世记》第3章，第22节："耶和华上帝说，那人已经与我们相似，能知道善恶。"——译注

用[①]。人类即使是对更高级的生物也是绝对平等的，其原因就在于此，而不在于把理性单纯看作是满足各式各样倾向的一种工具；尽管更高级的生物在天赋上可以是无比地超过于他们，然而却没有任何生物因此便有权可以完全恣情任意地去支配他们并统治他们。因此，最后的这一步同时就是与理性之从大自然的母体之内解脱出来相结合在一起的：这是一场十分可敬的、但同时又是非常危险的变化；因为大自然把他赶出了那种儿童受保育的安全无恙的状态，有如把他赶出了一座无需他自己操劳就得到供养的乐园那样（第 23 节[②]），并且把他赶到了广阔的世界上来，那里有如此之多的忧患、艰辛和未知的灾难都在等待着他。未来生活的艰难困苦往往引诱他去希望一个天堂，——这是他自己想象力的创造物，——在那里面他可以把自己的生存寄梦想于、或者是就消磨在宁静的无为和永远的和平之中。但是在他和那座想象的福地之间，却横踞着永不安息的而又不可抗拒地在驱使他身上的能量获得发展的理性；它不允许人再返回到把他已经从其中吸引了出来的那种野蛮与单纯的状态里面去（第 24 节[③]）。它要驱使他非常之有耐心地去把自己所憎恶的那种艰辛加之于自身，去追求他自己所不屑的种种廉价的装饰品，并且关怀着他目前更其害怕丧失掉的那一切身外琐物而忘却他所恐惧的死亡本身。

① 见前页注③。——译注

② 《创世记》第 3 章，第 23—24 节：“耶和华上帝便打发他出伊甸园去，耕种他所自出之土；于是就把他赶出去了。”——译注

③ 《创世记》第 3 章，第 24 节：“又在伊甸园的东边安设基路伯，……要把守生命树的道路。”——译注

解　　说

从以上对于人类最初历史的叙述里，就可以得出结论说：人类之脱离这座被理性所描绘成是他那物种的最初居留的天堂，并非是什么别的，只不过是从单纯动物的野蛮状态过渡到人道状态，从本能的摇篮过渡到理性的指导而已；——总之一句话，就是从大自然的保护制过渡到自由状态。究竟人类在这场变化中是得是失，可以说是不再成为一个问题，只要我们肯看一下他们整个物种的命运：那就不外是一场走向完美状态的进步而已——尽管为了贯彻这个目标，它的成员在最初的、甚至于是一系列漫长的前仆后继的尝试之中，可能犯下那么多的错误。

这一历程对于整个物种来说，乃是一场由坏到好的进步；可是对于个人来说，却并非也同样是如此。在理性觉醒以前，还不存在什么戒律或者禁令，因而也就不存在任何一种违法犯禁。但是当理性开始它的作用的时候，并且——尽管它是那么地软弱——与动物性及其全部的顽强性发生了冲突的时候；于是就必定会产生为无知状态、因而也就是为无辜状态所完全陌生的灾难以及（更其令人困惑的是）随着理性的开化而来的罪行。因此，脱离这种状态[①]的第一步，就是道德方面的一场堕落；而在物理方面，则这一堕落的后果便是一大堆此前所从不知道的生活灾难，故而也就是一场惩罚。因此，大自然的历史是由善而开始的，因为它是上帝的

① “这种状态”指自然状态，亦即无知而又无辜的状态。——译注

创作；自由的历史则是由恶而开始的，因为它是人的创作[1]。对个人来说，由于他运用自己的自由仅仅是着眼于自己本身，这样的一场变化就是损失；对大自然来说，由于它对人类的目的是针对着全物种，这样的一场变化就是收获。因此之故，每一个人就有理由把自己所遭受的一切灾难和自己所犯下的一切罪恶，都归咎于自己本身的过错；然而同时作为整体（作为整个物种）的一个成员，则应该惊叹和赞美这种安排的智慧性与合目的性。

我们还可以通过这种方式，使大名鼎鼎的卢梭的那些常常为人所误解而表面上又像是自相矛盾的见解，既在它们本身之间又在它们对理性的关系上得到统一。在他的著作《论科学的影响》[2]和《人类不平等论》[3]里，他完全正确地指出了文化与人类天性（作为一个生理上的物种，其中的每一个个体都应该全部地完成自己的天职）之不可避免的冲突；但是在他的《爱弥儿》、在他的《社会契约论》以及其他的作品里，他又力求解决下面这个更为困难的问题：文化必须怎样地前进，才可以使人类的秉赋（作为一个道德性的物种，这属于他们的天职）得到发展，从而使它不再与作为一个自然物种的人类相冲突。既然以造就人以及公民的真正教育原则为基础的文化，也许迄今还没有正式开始，更不用说完成；所以从这场冲突里面就产生了压迫人生的全部道道地地的灾难以及玷污

① 按可参看卢梭《爱弥儿》第 1 卷。——译注

② 《论科学的影响》（Über den Einfluß der Wissenschaften ）即卢梭 1749 年的第戎论文《论科学与艺术的复兴是否有助于淳风化俗？》，通称《论科学与艺术》。——译注

③ 《人类不平等论》（Über die Ungleichheit der Menschen）即卢梭 1755 年的第二篇第戎论文《论人类不平等的起源与基础》。——译注

人生的全部罪行。[①] 可是,使人们因之而犯罪的那种冲动的本身

---

① 关于一方面是人道在努力迫求其道德的天职,另一方面则是它始终不变地在遵循其天性中所具备的野蛮的与兽性的状态的法则,这两者之间的冲突,以下我仅只举几个例。

大自然规定年龄到了大约十六七岁就是人们的成熟期,也就是说有了再生殖自己的品种的那种要求和能力了。在野蛮的自然状态中,一个少年到了这个年龄就名副其实是一个成人了,因为这时候他就具有维持其自身、再生殖自己的品种以及同时养活自己妻子的能力。他的需要之简单,使得这一切都轻而易举。反之,在文明状态中,则这里面却还要包括许多的谋生手段,既有技术,也有外在的顺利环境;所以这个公民时期平均至少也要再推迟十年之久。然而,大自然却并没有随着社会前进的步伐而同时也改变人们成熟的时限,反而顽强地遵守她所规定的维持人类作为一个物种的那些定律。由此便产生了一场道德的自然目的与物种的自然目的二者之间的不可避免的决裂。因为自然人到了一定的年龄就已经是成人了,而这时候的公民人(他同时并不中止其为自然人)〔"公民人"(bürgerliche Menschen)指政治状态或社会状态中的人。——译注〕却只是少年,甚至于还只是儿童;我们很可以这样称呼他,因为他的年纪(在公民状态中)还根本不能养活其自身,更不能养活他的同类,尽管他已经有了进行再生殖的要求和能力,因而也就是有了大自然对他的号召。因为大自然确实是并不曾在生物体内安置下使他们可以抗拒并压制这些东西的本能和能力,所以这里的这种秉赋就完全不是为了开化的状态,而仅只是为了保存作为物种的人类而布置的;于是文明状态便和它发生了不可避免的冲突。唯有一个完美的公民宪法(这是文化的终极标的)才能扫除这种冲突,可是现在的这一中间阶段("中间阶段"指人类由野蛮的自然状态过渡到完美的公民宪法状态之间的全部历史时期。——译注)却要经常地充满着罪行以及人间各式各样不幸的后果。

又有一个例子,可以证明如下命题的真理:大自然在我们身上为两种不同的目的而奠定了两种秉赋,亦即作为动物品种的人性以及作为道德品种的人性;它们就是希波克里特〔希波克里特(Hippokrates,公元前 460? —前 377?)古希腊医学家与著作家。——译注〕的 Ars longa, vita brevis(〔拉丁文:人生朝露,艺术千秋。〕语出希波克里特《箴言集》第一卷,第一章。——译注)。一个天生适宜于科学和艺术的头脑,当其由于长期的训练与求知而一旦达到了正确成熟的判断的时候,就可以把科学和艺术远远带到超出各个世代前后相续的全体学者们所能成就的地步;只要他具备上述这种精神的青春力量,并且寿命超过了这些世代所享有的时间的总和。可是大自然对于人类的生命期限,却显然根据的是科学进步观点之外的另一种观点而做出她的决定的。因为当最幸运的头脑正处在由于自己的技术性和经验性而有可能希望获得最伟大的发现的边缘之际,老境却临头了;他变得迟钝了,于是就不得不留待第二代去迈出文化进步

却是好的，并且作为自然秉赋而言乃是合目的的；但这种秉赋却表现为单纯的自然状态，所以就受到不断前进着的文化所摧残并且反过来也摧残着文化，直到完美的艺术重新成为天性[①]为止。而这就是人类道德天职的最终目标。

历史的归宿

下一个时期的开端，便是人类从安逸与和平的时期过渡到作为社会结合的序曲的劳动与扰攘的时期。这里我们又必须再做一次大跳跃，把人类突然间就置诸拥有家畜并由于播种和耕作而能大量增加其食用的农作物的地位（第 4 章，第 2 节[②]）；虽说从野蛮的狩猎生活过渡到前一种状态[③]以及从偶然无定的挖掘块茎和采撷果实过渡到后一种状态[④]，可能要进行得极其悠久。这时候，

的下一步。而这第二代又得从头开始，并且必须再一次地跋涉那已经为人所经历过了的全部旅程。因此，人类完成其全部天职的历程，看来就是不停地中断，并且始终是处在再沦于古老的野蛮状态的危险中。所以希腊哲学家并不是毫无道理地悲叹道：人在刚刚开始懂得自己应该是怎样恰当地生活的时候就不得不死亡，这真是太可悲了。

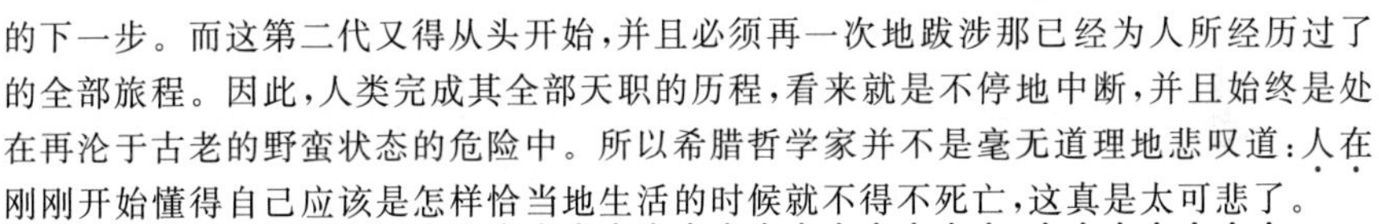

第三个例子可以说是人间的不平等，但并非天分方面或幸运方面的不平等，而是普遍人权方面的不平等；为卢梭所异常真确地悲叹过的这种不平等（可参看卢梭《论人类不平等的起源与基础》本论及第一部分。——译注）又是和文化分不开的，只要文化仿佛是在毫无计划地前进着（而这一点却又长时期是不可避免的）。大自然确实并不曾为人类规定过这种不平等，因为大自然赋给了人类以自由和理性，理性则恰好不外是通过为其本身所固有的普遍的而又外在的合法则性——那就叫作公民权利——来限制这一自由。人类自身将会使自己突破他们自然秉赋的野蛮性的，但在超越它的时候人类却须小心翼翼不要违背它。这种技巧，人类唯有在迟迟地经过了许多次失败的尝试以后才能够获得；而在这个期间，人道却须在她自己由于没有经验而加之于其自身的种种灾难之下哀叹呻吟。

① “天性”和“自然”在原文中是同一个字。——译注

② 《创世记》第 4 章，第 2 节：“亚伯是牧羊的，该隐是种地的。”——译注

③ “前一种状态”指人类驯养家畜。——译注

④ “后一种状态”指人类进行农业生产。——译注

在迄今为止一直都是彼此和平共存的人们中间就必然已经开始了纷争，纷争的后果便是他们分裂为不同的生活方式并分散到整个的大地之上。牧人的生活不仅是安逸的，而且是最安全的谋生之计，因为在一片广阔无人的土地上是不会缺乏饲料的。反之，农业或耕种则是非常之艰苦的，它有赖于变化无常的气候，因而是没有把握的；而且还需要有居室、土地所有权和充分能保卫他们的力量。然而牧人却憎恨这种限制了他们放牧自由的所有权。至于农人，则看来他可能要嫉妒牧人的得天独厚（第 4 节[①]）；然而事实上，只要牧人继续是他的邻居，就会使他感到非常厌恶，因为放牧的牲畜是不会顾惜他的庄稼的。而牧人在造成了损害之后，却轻而易举地就带着自己的牧群远飏，并且逃避了自己的一切赔偿责任，因为他并没有留下来任何东西是他不能随处都照样可以再找到的。因此，很可能是农人首先使用武力来对付这种被牧人认为并非是不可容忍的侵犯。既然造成这种事情的缘由永远也不会完全中止，所以当农人不愿意自己长年勤劳的果实遭受损失时，他就终于必须尽自己的可能远离那些以游牧为生的人（第 16 节[②]）。这一分离便形成了第三个时代。

当谋生之道有赖于对一块土地进行耕作和种植（尤其是树木）的时候，这块土地就需要有人定居；保卫这块土地不受一切侵犯就

① 《创世记》第 4 章，第 3—5 节："该隐拿地里的出产为供物献给耶和华，亚伯也将他羊群中头生的羊和羊的脂油献上。耶和华看中了亚伯和他的供物，只是看不中该隐和他的供物。"——译注

② 《创世记》第 4 章，第 16 节："于是该隐离开耶和华的面，去住在伊甸东边挪得之地。"——译注

需要有一个彼此相助的人群。于是人们在这种生活方式之下，就不能再采取家庭的方式分散开来，而是必须聚集到一起并建立乡村（或者很不确切地称之为城市），以便抵抗野蛮的猎人以及飘忽而至的游牧部落，保护自己的财产。由于不同的生活方式而要求人们置备的最初的生活必需品，这时就可能进行互相交易了（第 20 节[①]）。由此就必定会产生文化以及艺术、娱乐和工艺的起源（第 21—22 节[②]）；然而最主要的则是奠定了某种公民宪法和公共正义，——最初这确乎只是着眼于最重大的暴行，对这些暴行的报复已不再像在野蛮状态中那样留待给个人，而是留待给一种能把全体都团结在一起的合法力量，也就是说一种政权机构，而对于这一力量的本身则不可能再行使任何其他的权力（第 23—24 节[③]）。

从这种最初的、粗野的秉赋之中，人类全部的艺术——而其中最有裨益的就是社会性与公民安全的艺术——就可以渐渐地、逐步地发展起来，人类就可以繁殖，并且可以通过向各个地方派遣已经成熟的殖民者而像从蜜蜂窝里那样地从一个中心散布到各个地方。随着这个时代也就开始了人类的不平等，它是那么多的坏事的、但同时却又是一切好事的丰富的泉源，并且还日益得到增长。

只要是游牧民族（他们只认上帝为他们的主）与城市居民和农

① 《创世记》第 4 章，第 20 节："雅八就是住帐棚牧养牲畜之人的祖师。"——译注

② 《创世记》第 4 章，第 21—22 节："雅八的兄弟名叫犹八，他是一切弹琴吹箫之人的祖师。洗拉又生了土八该隐，他是打造各种铜铁利器的。"——译注

③ 《创世记》第 4 章，第 23—24 节："壮年人伤我，我把他杀了；少年人损我，我把他害了。若杀该隐，遭报七倍；杀拉麦，必遭报七十七倍。"——译注

业人口（他们奉一个人——即统治权威——为主）（第6章，第4节[①]）[②]麇集在一起，并且作为对全部土地所有权的不共戴天的敌人而彼此相互敌对和仇视，双方之间便总是连绵不断的战争，至低限度也是永不休止的战争危险；然而双方民族却因此至少可以在内部享受到自由的无价之宝。（因为即使到今天，战争的危险也还是唯一能够约制专制主义的东西。这是由于现在一个国家若要成为强国，就需要有财富，但没有自由就不会出现任何可能创造财富的活动。一个贫穷的民族要在这方面大举从事，就必须得到共同体的支持，而这又唯有当人们在其中感到自由的时候才有可能。）可是随着时间的推移，城市居民那种不断增长的奢侈，而尤其是城市妇女使得低级的乡野姑娘相形之下黯然失色的那种讨人欢心的本领，就必定会对每一个牧人都成为一种强而有力的诱饵（第2节[③]），使他们和城市居民发生了联系，并使他们自己被吸引到城市的那种触目惊心的贫困里面来。这时由于此前互相敌对的这两种民族融合在一起，便结束了一切战争的危险，但同时它也是一切

① 《创世记》第六章，第4节："那时候有伟人在地上；后来上帝的儿子们和人的女子们交合生子，那就是上古英武有名的人。"——译注

② 阿拉伯的贝多因人（Beduinen 一词源出阿拉伯文的 badawi，指阿拉伯的游牧部落。——译注）至今还自称是他们已往的部族创始人（例如贝尼·阿列德［Beni Haled 为传说中阿拉伯游牧部落的领袖。——译注］之类的）晒克（Schech 为阿拉伯人族长的通称。——译注）的子孙。但晒克根本就不是君临他们的主，并且也不能随心所欲地对他们行使权力。因为在一个游牧民族里，既然没有任何人有不得不遗留下来的地产，所以每个家庭对它不满时就都可以轻而易举地脱离自己的部族去参加另一个部族。

③ 《创世记》第6章，第2节："上帝的儿子们看见人的女子美貌，就随意挑选娶来为妻。"——译注

自由的结束；于是一方面，强而有力的暴君专制制度——由于文化几乎还刚刚在开始，而毫无灵魂的纵情享乐又处于最堕落的奴役形态——便和野蛮状态中的全部罪恶交织在一起；另一方面，人类便无可抗拒地脱离了大自然所预示给他们的那条培养自己的秉赋向善的进程。因此之故，人类便使得自己的生存不配作为一个注定是要统治大地而不是要像禽兽般地大吃大喝并像奴隶般地服役的物种了（第 17 节[①]）。

结　论

有思想的人都感到一种忧伤，这种忧伤很有可能变成为道德的沦丧，而它又是不肯思想的人所全然不理解的：那就是对统治着世界行程的整体的天意心怀不满，——当他考虑到灾难是如此沉重地压迫着人类而又（看来好像是）毫无好转的希望的时候。然而，最重要之点却在于：**我们应该满足于天意**（尽管天意已经就我们地上的世界为我们规划好了一条如此之艰辛的道路）；部分地为的是要在艰难困苦之中不断地鼓舞勇气，部分地为的是当我们把它归咎于命运而不归咎于我们自身的时候，——我们自身也许是这一切灾难的唯一原因，——使我们能着眼于自己本身，而不放过自我改进以求克服它们。

我们必须承认：文明民族所承担的最大灾难就是被卷入**战争**，并且的确与其说是由于现实的或已有的战争，倒不如说是由于对

① 《创世记》第 6 章，第 17 节："看哪，我要使洪水泛滥在地上，毁灭天下；凡地上有血肉、有气息的活物无一不死。"——译注

未来战争的永不松懈的、甚而是不断增长着的准备。国家的全部力量、它那文化的全部成果，本来是可以用之于促进一个更高的文化的，却都被转移到这上面去了；自由在那么多的地方都遭到了重大的损害，国家对于每一个成员那种慈母般的关怀竟变成了残酷暴虐的诛求，而这种诛求却由于有外来危险的威胁，竟被认为是正当的。然而，假如不是这种经常恐惧着的战争其本身就胁迫着国家首长不得不尊重人道的话；那么究竟会不会出现这种文化，会不会出现这种共同体中各行各界为了他们福利的互相需要而形成的紧密联系，会不会出现这种人民，乃至于出现尽管在异常束缚人的法律之下却仍然残留着的那种程度的自由呢？我们只消看一看中国；中国由于它的位置大概是只须害怕某种无从预见的突袭而无须害怕什么强大的敌人，因此在它那里自由就连一点影子都看不见了[①]。

因而，在人类目前所处的文化阶段里，战争乃是带动文化继续前进的一种不可或缺的手段。唯有到达一个完美化了的文化之后——上帝知道是在什么时候——永恒的和平才对我们是有益的，并且也唯有通过它永恒的和平才是可能的。就这一点而论，则我们曾为之发出过那么多悲叹的种种灾难，都是要由我们自己来负责的。所以圣书是完全正确的，它指出了：各民族之融合为一个社会并且当他们的文化几乎刚刚开始之际就完全摆脱了外来的危险，这对于一切文化的继续进步都是一种障碍并且会陷入无可救

① 参见康德《永久和平论》(1795 年)，卢梭《论科学与艺术》第一部分和黑格尔《历史哲学》第一部，第一篇。——译注

药的腐化的。

人类对于自然秩序的第二点不满，就在于生命的短促。的确，一个人对于生命的评价必定会理解得很差，假如这个人还要希望生命可以比它实际上所持续的再延长一些的话；因为这就只不过是延长一场纯粹是永远在与艰难困苦相角逐的游戏罢了。但我们却绝不可责难这是判断力的幼稚：他们既怕死而又不爱生，他们要能差强人意地度过自己每一天的生活都是非常为难的事，可是他们却永远都嫌重复着这种苦恼的日子过得还不够。然而只要我们肯想一想，为了有办法度过如此之短暂的一生，我们忍受了多少烦忧；而在希望着未来的、尽管是如此之不持久的享乐时，我们又曾做出了多少不义；那么我们就必然很有理由地要相信：假使人类可以期待着有 800 岁或者更长的寿命的话[①]，那么父亲对儿子、弟兄对弟兄以及朋友对朋友就都会很难再感到自己生命的安全了。人类活得那么悠久，其罪行就必定会上升到一种高度，以至于除了一场普遍的洪水把他们从大地之上消灭干净而外，他们就再也不配享有更好的命运（第 12—13 节[②]）。

第三个希望，或者不如说是空洞的渴望，——因为我们自己就意识到，那种被希望的东西是我们永远也不可能有份的，——便是诗人们所那么赞颂着的黄金时代的景象：那时候就将摆脱骄奢淫

① 按关于人类在洪水之前寿命常达 800 岁以上的记载，可参看《创世记》第 5 章。——译注

② 《创世记》第 6 章，第 12—13 节：“上帝观看世界，见是败坏了。凡有血气的人在地上都败坏了行为。上帝就对挪亚说：凡有血气的人，他的尽头已来到我面前，因为地上满了他的强暴，我要把他们和地一并毁灭。”按关于洪水的传说，可参看《创世记》第 6—8 章。——译注

逸所加之于我们的那一切想入非非的需要，就将只是纯粹天然需要的满足、人类彻底的平等、人类之间永恒的和平；总而言之，是一种无忧无虑地只在闲情逸致之中优游或是在天真无邪的嬉戏里面卒岁的纯粹的享乐。这种渴望虽被鲁滨逊[①]和南洋群岛的各种旅行记说得那么美妙动人，但一般说来——当一个有思想的人单单在享受之中追求人生的价值，并且当理性多少也在提醒他要通过行动来赋予生命以价值而他所考虑的却只是闲逸这一反作用力的时候，——这却证明了他对于文明生活所感到的厌倦。如果我们从上述有关人类原始状态的概念里得到启发的话，那么想返回到那种纯朴无辜的时代这一希望的虚幻无益就足以表明：正是由于人类不满足于原始状态，所以他们就不会使自己停留在这种状态，更不会倾向于再返回到这种状态；从而他们就得把目前的这种艰难困苦的状态终究要归之于他们自身以及他们自己的选择。

人类历史的这样一番阐述，对于他们的学习和改善是有益的而且是有用的。这就向他们指明了：他们决不可以把压在自己身上的灾难归咎于天意；他们也没有理由把自己的邪恶诿过于他们祖先的原罪[②]，从而把后代子孙某种犯类似过错的倾向说成是由继承而来的（因为自愿的行为绝不会形成任何遗传）。并且当他们自己能很好地意识到，他们在同样的情况之下也会恰好是那样地行动，并且在第一次使用理性时就要（尽管是违反大自然的指示）

① 鲁滨逊（Robinson）为英国小说家笛福（Defoe，1660—1731）所著小说《鲁滨逊漂流记》（1719—1720）中的主人。鲁滨逊船破之后，一个人飘流到荒岛上，独自生活。——译注

② 中世纪基督教神学认为，人天生来就继承有人类始祖的罪恶。——译注

误用理性；他们就完全有理由要把以往所发生的这些事情认为就是他们自己亲身所做的事情，并且把由于误用自己的理性而产生的灾难全部都归咎于他们自身。当以上这种有关道德方面的观点得到纠正之后，于是真正肉体上的灾难在功过簿上就很难算作是对我们有利的一种盈余了。

哲学所探讨的一部人类最古老的历史的结论便是这样：应该满足于天意，应该满足于人间事务全体的总进程，这个进程并不是由善开始而走向恶，而是从坏逐步地发展到好；对于这一进步，每一个人都受到大自然本身的召唤来尽自己最大的努力做出自己的一份贡献。

万物的终结[①]

下面是特别在虔诚的谈话中流行的一种提法，即让一个临死的人说，他是要从时间进入永恒了。

如果这里的永恒一词被理解为一种朝着无穷在前进的时间，那么这个提法事实上并没有说出任何东西；因为人确实是永远不会从时间里走出来的，而只能是永远地从一个时间前进到另一个时间。因此，一切时间的终结在这里就必须是指人类永不中断的向前绵延，但这一绵延（把它的存在作为数量来考虑）又必须是指我们对之确实无法形成任何（除了是纯消极的）概念并与时间完全无法加以比较的一种数量（duratio noumenon〔绵延的本体〕）。这种想法有着某种令人恐惧的东西，因为它仿佛是把人带到一座深渊的边缘，而沉没到那里面去的人是没有可能再从其中回来的。（哈勒尔："他被扣留在最严峻的地方，紧紧地落到永恒的强有力的

① 本文写于 1794 年（康德 70 岁），最初刊载于《柏林月刊》1794 年，第 23 卷，第 495—522 页。译文据普鲁士皇家科学院编《康德全集》（柏林，格·雷麦版，1912 年），第 8 卷，第 325—339 页译出。按本文标题与命意采自圣经《新约·启示录》，"万物的终结"即世界的末日或结局。文中考察了人类历史的起源和归宿，并以启蒙运动的和作者本人的伦理学解说基督教，抨击了当时德国流行的神学。为此，康德本人受到普鲁士教育部的处分，被禁止讲授神学。——译注

怀抱里，再也没有让任何东西回来。”[①])可是又有某种引人入胜的东西，因为我们遏止不住地总要把自己畏缩的眼光再投到那上面去(neque unt expleri corda tuendo[②])。它是可怖的**崇高**；部分地是由于它那幽晦性使得想象力在其中总要比在光天化日之下更加有力地在起作用。最后，它还必定要以一种可惊异的方式而与普遍的人类理性交织在一起；因为我们在一切能运用理性的民族中，在一切时代里，都会遇到它装扮成这一种或另一种方式的。——现在当我们追循这一从时间到永恒的过渡，(在理论上，这种观念被当作是知识的扩大时，既可以具有也可以不具有客观的现实性，)就像理性本身在道德方面也要做出这一过渡那样，我们便会碰到作为时间实体并作为可能经验的对象的那场万物的终结；然而这一结局在目的的道德次序上，同时也就是这种作为**超感的**、从而就并不是在时间条件之下成立的实体的绵延的开始。因此它和它那状况就不可能是什么别的，只不外是它那品质的道德天职罢了。

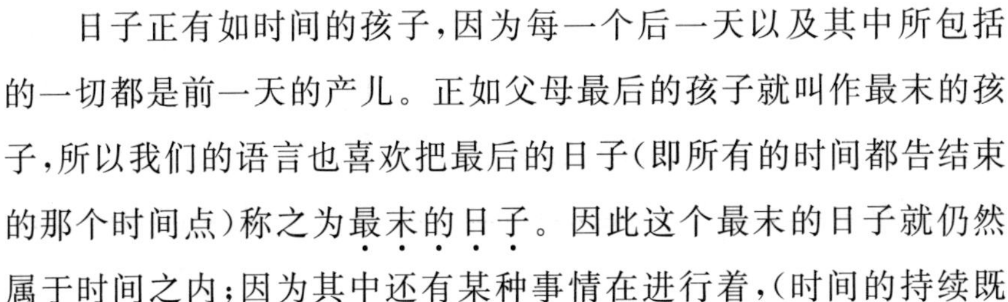

日子正有如时间的孩子，因为每一个后一天以及其中所包括的一切都是前一天的产儿。正如父母最后的孩子就叫作最末的孩子，所以我们的语言也喜欢把最后的日子(即所有的时间都告结束的那个时间点)称之为**最末的日子**。因此这个最末的日子就仍然属于时间之内；因为其中还有某种事情在**进行着**，(时间的持续既

① 此处三行诗句系引自德国诗人哈勒尔(Albrecht von Haller，1708—1777)《未定诗草论永恒》(1736 年)。——译注

② [没有人仅凭谛视就能满足自己的心。]语出罗马诗人魏吉尔(Virgil，即 Publius Virgilius Maro，公元前 70—前 19)《伊奈德》VIII，265。——译注

然还会存在，所以就不属于永恒，在永恒之中是任何事情都不再进行的，）而那种事情便是有关人类在其全部生命时间中的行为的清算。那就是审判的日子[1]；因此，世界审判者之降福的或惩罚的判决才是万物在时间中真正的终结，同时也是（福或祸的）永恒状态的开始，在那种状态中已经降临于每个人的命运就停留在宣判（定案）时刻所分派给他的那种样子。因此最末的日子也就同时包括着最末的审判。——如果现在把最后的事物认为就是世界目前所呈现的那种形态的终结，也就是说星辰从天穹之上坠落下来，诸天本身倒塌（或者说它们的消逝有如一部书卷被卷起来[2]），这二者都被焚毁，创造出一个新天和新地作为有福者的住所，以及一个地狱作为有罪者的住所；那么这个审判的日子就确实并不是最末的日子，而是还会有其他各种不同的日子继之而来。可是既然万物的终结这一观念并非源出于对世上事物的物理过程的，而是源出于对它的道德过程的推论，并且仅仅是由此而产生的；而后者，还有永恒性这一观念也是一样，又仅只能适用超感的事物（这是唯有在道德上才可以理解的）；所以这类将在最末的日子之后而来的最后的事物，其提法便只能看作是对于末日及其道德的、但为我们在理论上所不可思议的后果的感受。

然而应该注意到，自从最古的时代以来关于未来的永恒性就有两种体系：一种是单一论者的体系，它把永恒的福祉奖给一切（经过或多或少是漫长的悔罪而得到净化的）人；另一种是二元论

① 关于最后的审判，见《新约·启示录》有关部分。——译注

② 《新约·启示录》第 6 章，第 14 节："天就挪移，好像书卷被卷起来。"——译注

者的体系[①]，它把福祉奖给某些选民，而其余一切人则受永恒的惩罚。然而那种据说一切人都要注定受惩罚的体系，却很可能是没有地位的，因为否则的话就没有理由可以自解，为什么竟然要把他们创造出来了；而且消灭一切人也就表明了智慧有缺点，它既不满足于自己的作品，又不懂得有什么别的办法可以弥补其中的缺陷，就只好是把它毁灭。——不过这同一个难点也总是出现在二元论者的道路上，它禁止我们设想对于所有的人都加以一种永恒的惩罚；因为我们可以问，为什么要创造出这些少数人来，为什么哪怕是创造出一个人来，假如他的存在就仅仅是为了要永恒受罚的话，那就比根本不存在还要更坏了。

的确，就我们所能看出的而言，就我们本身所能探讨的而言，二元论的体系（然而只是在有一个至善的原始实体之下）在实践的观点上具有这样一种占优势的理由，即每一个人都须指导自己本身（尽管他无权指导别人）；因为就他所能认识的而论，理性并没有留给他其他任何对永恒性的展望，除了他自己的良心根据他迄今

① 这样一种体系在古波斯的（琐罗亚斯特，Zoroaster，公元前 7—前 6 世纪，古波斯拜火教的创立者。——译注）宗教里是建立在有两种原始实体彼此在进行着永恒斗争这一假设之上的，善的原则即奥尔穆兹德，恶的原则即阿里曼。——奇怪的是在两个彼此相距遥远而与目前的德语区相距得格外遥远的国度的语言中，为这两种原始实体命名的却都是德语。我记得是在松内拉特的书（Pierre Sonnerat，1749—1814，法国博物学家与东方旅行家，《东印度与中国游记》（1774—1781 年）一书德译本于 1783 年出版。——译注）里读到过，在阿瓦（缅甸人的国度）善的原则就叫作 Godeman（它似乎也适用 Darius Codomannus 这个名称）；而且由于阿里曼这个名字听起来很像是恶人这个字（godeman 与德语善人〔gut Mann〕相似，阿里曼〔Ahriman〕与德语恶人〔arge Mann〕相似。——译注），所以现在的波斯语也包含有大量源出于德语的字。因而这可能成为古代史研究者的一项课题，即沿着语言变化这条线索去追溯许多民族目前宗教概念的起源。（见松内拉特《游记》第 4 卷，第 2 章，第 2 节。）

所度过的生活经历而在他生命终结时所显示给他的那种展望而外。然而要由此就构造出信条来，因而是一种其自身是（客观）有效的理论命题来，那么它作为单纯的理性判断却还是远远不够的。因为有哪一个人认识自己本身、又有谁认识别人是如此之彻里彻外，乃至可以断定：如果他把一切人们所称之为幸运的功绩的东西，诸如他天生性格和蔼、他那天赋能力较高的更大力量（理智上的和理性上的，足以克制自己的冲动），此外还有幸运地偶然使得他幸免于别人所遭遇到的那许多种诱惑的机遇等等，都和他那自命是行为良好的生命历程的原因分开来；如果他把这一切都和他的真实性格分开来（正如为了恰当地评价这些，他就必须把它们排除在外那样，因为他不能把它们作为幸运的礼品而归功于自己本身的成绩）；那么我就要说，有谁可以断定在一位世界审判者的洞察一切的眼前，一个人是否能凭自己内在的道德就处处都比别人优胜一筹呢？在自己本身的道德价值（及其应分的命运）方面这种偏袒自己的、浮面的自我认识，难道不会同样或许只是一种荒谬的自我蒙蔽，就正像对别人做出某种判断是一样的么？因而单一论者的体系和二元论者的体系，这两者作为信条来考虑，似乎都是完全越出人类理性的思辨能量之外的；并且一切似乎都使我们归结到要把这种理性观念绝对地仅仅限制在实践运用的条件之下。因为我们在我们的前面还看不到有任何东西现在就能够教给我们以有关我们在未来世界中的命运，除了我们自身良心的判断而外；这就是我们目前的道德状况，就我们所认识到的而论，以合乎理性的方式所能容许我们加以判断的东西。那就是说，我们所发现直迄我们生命历程的终结一直都在统治着我们的那种我们生命历程的原则（无论它们是善是恶），到了死后也还会继续是那样；而我们并没有最微小的理由可以认为它在那种未来里面会有什么改变。因而我们就只好等待着在永恒性的善或恶的原则的统治之下与那种功绩或者这种罪过相称的后果；因而从这个角度着眼，我们的行为要做得就像另一个生命以及我们结束目前生命并跨入另一个生命时所具备的那种道德状态及其后果乃是不可更改的那样，也就是明智的了。因此从实践的观点来说，我们所采取的体系就必须是二元论的，却无需确定这两种之中哪一种才配有理论上的和纯思辨上的优势，尤其因为单一论的体系似乎是过分地沉溺于漫不经心的安全感之中。

但是究竟人类为什么要期待着世界有一个终结呢？而且即使他们认可了这一点，又为什么恰好是一场（对人类的绝大部分说来）充满了恐惧的终结呢？……前一个问题的根据似乎就在于：因为理性告诉他们说，世界的绵延只是当其中的理性生命能符合他们的存在的终极目的时才有价值；然而如果这一点不能达到时，创化本身就似乎对他们是毫无目的的了，就像是一出戏根本没有结尾，也使人认不出有任何合理的目标那样。后一个问题则建立在人类本性的腐化这一见解之上[①]，它简直是大到了绝望的程度；一

① 在一切时代里，蒙昧的智者（或哲学家）都把人性中向善的秉赋评价得不值一顾，他们竭力以敌视的、有一部分是令人作呕的比喻来把我们地上的世界，即人类的住所，极其鄙夷地表现为：1. 是一座旅店（沙漠队商的旅馆），正像回教托钵僧的看法那样：每个人在其生命的旅程中到这里来投宿，都必须准备好马上就会被另一个后继者所取代。2. 是一座监狱，这种见解是婆罗门的、西藏的和其他东方的智者们（也还有柏拉图）所眷爱的：那是堕落的、从天上被放逐的而现在则已变为人的或动物的灵魂的精灵们的一个惩罚和净化的地方。3. 是一座疯人院，在这里不仅仅是每一个人都自己把

定要对人类造成一场终结而且还确乎是一场恐怖的终结，才是（据人类绝大部分看来）与最高智慧和正义相称的唯一手段。——因此末日的预兆（因为哪有由伟大的希望所鼓舞的想象力是会缺乏征兆和奇迹的呢？）也就全都是属于恐怖那类的了。有的人就从不正义的蔓延、穷人由于富人的骄奢淫逸而备受压迫以及撒谎和背信的普遍流行，或者是从大地上各个角落里到处燃烧着的流血战争等等之中，总而言之，就从道德败坏和各式各样的邪恶迅速增加以及与之相伴随的、在他们的想象里是以前的时代所从未见过的种种罪行之中，看到了它们。相形之下，另有的人则是从不平凡的自然灾异、在地震风暴和洪水或是彗星和气候的征兆之中，看到了它们。

事实上，人类并不是无缘无故就感到自己生存的累赘的，尽管那缘故就在于他们自身。这一点的原因，在我看来似乎在于如下所述。——在人类的进步过程中，才能、技巧和趣味（及其后果，逸乐）的培育，自然而然地要跑在道德发展的前面；而这种状况对于道德以及同样对于物质福利恰好是负担最大而又最为危险的事，因为需求的增长要比可以满足他们的手段更强烈得多。但是人类

自己的目标给摧毁了，并且每个人都给别人带来一切可以想象到的悲痛，还把能够干出这种事情来的技巧和力量当作是最大的光荣。最后，4. 是一个阴沟，其他世界的全部垃圾都被汇总到这里面来了。这最后一种之想入非非在某种方式上却是独创性的，并且要感谢一位波斯的诙谐者，他把天堂即人类最初配偶的住所移升到天上。在这座花园里可以遇到足够多的树上都长满着丰硕美好的果实，在他们享用过之后，果实的残余就由于不可察觉的蒸发而消失。但花园里唯独有一棵树是例外，它那上面确乎也长着丰满的果实，但那类果实并不会这样发散掉。可是我们最初的祖先却贪恋它们而不顾禁令对此所要求的代价；于是为了使他们不至于玷污天上，便再没有别的劝告，只不过由一位天使向他们指着遥远的地球说："这就是全宇宙的厕所"，然后把他们带到那里，以便完成所必需的事情；并且把他们留在那里以后，就又飞回天上。据说人类从此就在大地上起源了。

的道德秉赋(就像贺拉士所说的 poena pede claudo〔报复姗姗来迟〕[①])尽管常常是蹒踖在这些东西的后面,却总有一天(正如我们在一个明智的世界统治者之下很可以希望的那样)会赶过这些在其急促的进程之中是会自己绊住自己并且往往会跌跤的东西的。根据我们时代的道德与以往一切时代相形之下的优异性这一经验上的证明,我们自己就很可以培养一种希望,即最末的日子毋宁是以一种以利亚的旅程[②]却不是以一种类似可拉的党徒的地狱旅程[③]而到来,并且带来大地上的万物的终结的。可是这种对德行的英勇信仰,在主观上对于心灵的感化,却似乎不如被人认为是在最后的事物之前来临的、伴随着恐怖而出场的那种影响来得那么普遍有力。

附注 我们在这里仅只是处理(或者说调弄)理性自身所创造的观念[④],而其对象(如果有的话)则是全然远处于我们的视野之外的;同时虽则它们对于思辨的认识乃是莫可究极的,却不能认为在各个方面都是空洞的,反而是

① 按此处引文原文应作:"pede poena claudo"〔"报复姗姗来迟"〕。语出罗马诗人贺拉士(见前《答复这个问题"什么是启蒙运动"》)《颂歌集》,III,2,32:"尽管报复姗姗来迟,却很少是追赶不上罪行的。"——译注

② 《旧约·列王纪下》第 2 章,第 11 节:"他们正走着说话,忽有火车火马将二人隔开,以利亚就乘旋风升天去了。"——译注

③ 《旧约·民数记》第 16 章,第 31—32 节:"他们(可拉及其党徒——引者)脚下的地面就开了口,把他们和他们的家眷并一切属可拉的人丁财物都吞下去。"——译注

④ 按"观念"(Idee)一词系指不是得自经验、为科学认识所不能证实或否证的概念,但它却是理性的规范原则,否则经验即无由获得秩序与统一性。见《纯粹理性批判》,先验逻辑 II,辩证篇 I,1"论观念一般";又《世界公民观点之下的普遍历史观念》。——译注

由立法的理性本身在实践的观点上所赋予我们手中的;那并不是什么要对于它们的对象,即它们就其本身以及按它们的本性来说究竟是什么,加以探索,反倒要像是我们应该依照以一切事物的终极目的为方向的道德原则那样地来进行思考(通过这种方式它们就获得了客观实践的现实性,否则它们就会是完全空洞的了)。——这样在我们的面前就有了一片空旷的原野,可以按它们对于我们认识能力所具有的关系来区别我们自身理性的这一产物,即关于万物的终结这一普遍的概念,并对由此而出现的东西进行分类。

根据这一点,全体就可以划分并表现为三部分:(1)根据神圣智慧的道德目的的秩序而产生一切事物的自然的[①]的终结,这是我们(在实践的意义上)很可以理解的;(2)按作用原因的秩序而产生一切事物的神秘的(超自然的)终结,这是我们毫不理解的;(3)一切事物的违反自然的(被颠倒了的)终结,这是由于我们错误理解了终极目的而被我们自身所造成的。这三种之中的第一种上面已经讨论过了,以下是其余的两种。

*　　　　*　　　　*

《启示录》(第1章,第5—6节)中说:"有一位天使举手朝天,并且以创造了上天的永远永远的有生命者宣誓,等等;以后再也不会有时间存在了。"[②]

如果我们不假定这位天使"以他七个雷鸣的声音"[③](卷三)是想呼喊一些毫无意义的话,那么他这些话就必定意味着以后将不

---

① 自然的(formaliter〔在形式上〕——译者)就是指按照某种,无论是哪一种,秩序的法则而必然随之出现的东西,因而也包括道德秩序(而不必总是物理的秩序)。与此相对立的则是不自然的,它可以是超自然的或可以是反自然的。由自然原因而产生的必然事物,也应该表现为(materialiter〔在物质上〕——译者)是自然的(物理上必然的)。

② 《新约·启示录》第10章,第5—6节:"我所看见的那踏海踏地的天使,向天举起右手来,指着那创造天和天上之物、地和地上之物、海和海中之物直活到永永远远的,起誓说,不再有时日了。"——译注

③ 《新约·启示录》第10章,第1—3节:"我又看见另有一位大力的天使,从天而降……大声呼喊,……呼喊完了,就有七雷发声。"——译注

会再有任何变化。因为假如世界上仍有变化，那么也就会有时间，因为变化是只能在时间之内发生的；而没有时间这一假设，变化就是完全不可思议的。

现在这里是把万物的终结都表现为感官的对象的，但在这一点上我们却根本不能形成任何概念；因为如果我们想要从感性世界向智性世界哪怕迈出一步，我们就会不可避免地使自己陷入矛盾。之所以发生这样的事，是由于构成其为感性世界的终结的那一瞬间也就将是智性世界的开始，因而智性世界就被带入了和感性世界一道的同一个时间序列里，而这是自相矛盾的。

但是我们也说，我们把绵延设想为无限的（设想为永恒性）；这并不是由于我们对它的数量有什么明确的概念，——因为那是不可能的，既然它完全不具备时间作为其自身的尺度；——而是由于那种概念仅只是对永恒绵延的一种消极概念，因为在没有时间的地方，也就不会有终结。从而我们就在自己的知识方面并没有迈进一步，而只是想说，理性在（实践的）意义上是永远不会在不断变化的道路上做得足以达到终极目的的。并且如果理性企图以世界存在状况的静止与不变性的原则而达到那里，那么它在它的理论运用方面也会做得同样地不够，而且还更会陷于完全没有思想的状态。于是留给理性的就没有别的办法，只好是设想在不断向终极目的的进步中有一种朝着（时间上的）无限在前进的变化，它的心意（那并不像某种现象一样，而是某种超感的东西，因而是不在时间之中变化的）就停留在这上面，并且其本身是持续不变的。因此，理性按这种观念而加以实践运用的规律，就只不外是在说：我们必须这样地采用我们的准则，就像是从好走向更好、朝着无限在

前进的全部变化之中，我们的道德状况就其心意而言（即 homo noumenon〔本体界的人〕①“他们的变化是在天上”）是根本不服从任何时间的变化的。

但是有一个时间点将会一朝到来，那时候一切变化（以及时间本身也和它们一道）都告中止；这却是足以冲击想象力的一种提法了。到了那时候整个的自然界也就会僵硬化并仿佛是岩石化；最后的思想、最后的感情到了那时候就会在思维的主体之中停顿下来并且会是永远如此而毫无变化。对于一个只能是在时间中意识到自己存在及其（作为绵延的）数量的生物，这样一种生命如其还可以称为生命的话，看来也会像是消灭了一样；因为为了要把自己设想为处于这样一种状况，它毕竟也还必须思想些什么，可是思想就包括一种其本身只能是在时间之中进行的思索过程。——因此之故，其他世界上的居民就被表现为按照他们（在天上或在地狱）的居住地点之不同，要么总是在唱着同一支歌，唱着他们的哈利路亚②，要么是永恒地在唱着同一支悲叹调（第 19 章，第 1—6 节；第 20 章，第 15 节③）；从而就表明了他们的状况是完全没有任何变化的。

然而这一观念不管是多么地超出我们的领会力之外，却在实践方面是与理性密切相关联着的。即使我们以最好的标准来接受

① 系与“现象界的人”（homo phenomenon）相对而言。——译注

② “哈利路亚”（Hallelujah）为颂歌中的惊叹词，意即“赞美主”或“荣归于主”，源出希伯来文之 halleler（赞美）yah（耶和华）。——译注

③ 《新约·启示录》第 19 章，第 1 节：“我听见好像群众在天上大声说，哈利路亚，救恩、荣耀、权能都属于我们的上帝。”第 6 节：“我听见好像群众的声音、众水的声音、大雷的声音说，哈利路亚，因为主我们的上帝全能者作王了。”同书，第 20 章，第 15 节：“若有人名字没记在生命册上，他就被扔在火湖里。”——译注

人类在这里的生命的道德-物理状况，亦即持久的进步并趋近于（向他们所楬橥的鹄的的）至善；他们（哪怕意识到自己心意的不可变更性）也还是不能把称心满意和自己（德行上的以及物理上的）状况之永恒延续着的变化这一远景结合在一起。因为他们现在所处的状况和他们准备着进入的那种更好的状况相形之下，始终总是一种灾祸；并且朝向终极目的的无限前进这种提法，同时也是对于无限系列的灾祸的一种展望，那即使确实是被更大的善所压倒，但仍然不会使得称心满意出现。称心满意是他们唯有通过终极目的有朝一日之终将达到才能设想的。

于是深思的人现在就陷入了神秘派（因为理性不会轻易满足于自己内在的亦即自己实践的运用的，而是喜欢到某些先验的东西里面去探险，所以也就有着它自己的秘密）；在这里他的理性并不理解它自己本身以及自己所要求的东西，但却流连忘返，而不愿像与一个感性世界里的智性居民所相称的那样，把自己限制在这个感性世界的限度之内。由此便产生了至善就在于无这一老君[①]体系的怪诞，亦即就在于感觉到自己通过与神性相融合并通过自己人格的消灭而泯没在神性的深渊之中的这样一种意识。为了获得对这种状态的预感，中国的哲学家们就在暗室里闭起眼睛竭力去思想和感受他们的这种虚无。由此产生的（西藏的和其他东方民族的）泛神论以及后来由泛神论的形而上学的升华中而产生的斯宾诺莎主义，这两种都和远古的一切人类灵魂都出自神性（以及它们终于要被吸收到那种神性里去）的发射论体系是亲密的姊妹。这一切全在于使人

① “老君”(Lao-Kiun)，指中国古代哲学家老子。——译注

类终将会有一种永恒的安宁可以欣幸，它就构成人类意念中的一切事物的赐福的终结；而它本来也就是人类悟性同时随之而消失并且一切思想本身也随之而告终结的一种概念。

*　　*　　*

万物一经过人手，即使是目的良好，其终结也都是愚蠢；这就是说，对于它们的目的所使用的恰好是与之相反的手段。智慧，也就是充分符合适应于万物的终极目的，即至善的措施的实践理性，是唯有上帝那里才会有的。仅只是做到不要明显地反对这种观念，大约就是我们可以称之为人智的东西了。但是人类唯有通过探索和经常改变自己的计划才能希望达到这种防止愚蠢的确切保障，此外它还是"一颗明珠，即使最好的人要想能够掌握它，也只能是去追求它"。在这一点上他决不可使自己受到自私的劝诱所侵袭，尤其是不能对待它就好像是自己已经掌握了它似的。——由此便产生了那些时时在变更的、往往是矛盾百出的随机应变的规划，以便使宗教在整个民族中间得以纯洁而又有力；所以我们就很可以大声疾呼：可怜的尘世之人啊，你们除了无恒而外竟没有任何有恒的东西！①

可是假如这种尝试居然终于一旦得到了那么大的成就，以至于共同体能够并且愿意倾听不仅仅是传统的虔诚说教，并且还有被它们所启明的实践理性（正如这对于宗教乃是绝对必要的）；假如智慧者（以人世的方式）在人民中不是靠他们之间所采取的协定

① 按以上的话系针对法国耶稣会士古瓦意埃（Gabricl F. Coyer，l707—1782）的著作《论古代宗教的区别》（巴黎，1755）一书中的论点。该书德译本于1761年出版于柏林，题名为《道德琐事》。——译注

(像一个修士团那样),而是作为同胞公民们那样来制订规划并对其中的大部分一致同意,它以一种不容置疑的方式证明了他们是在为真理而工作的;并且就连全民族也会在整体上(虽则还不是在最微小的细节上)由于普遍感觉到有必须培育自己道德秉赋的需要但不是根据权威而有此需要,对它感到兴趣;那么既然在有关他们所追求的观念方面他们已经一度做出了长足的进步,所以看来最为可取的就莫过于让智慧者们去制订并推行他们的路线。但是至于为最好的终极目的而选择的手段,则其后果根据大自然的过程终将如何却始终是无从确定的,所以就只好留给天意了。因为无论我们是怎样地不肯轻于信仰,但是当决不可能确凿无疑地预见到根据全部的人类智慧(如果它配得上这个名称的话,就必须只能是朝着道德前进)而采取的某些手段的后果时,我们却必须以实践的方式信仰神智与大自然过程的汇合一致,假如我们不愿意完全放弃自己的终极目的的话。肯定会有人反对说:早就经常听说过目前的这个计划乃是最好的;一定要和它一道从现在一直持续到永远,它就是永恒的状态。"(按这种概念)谁是善良的,就永远善良;(与之相反)谁是邪恶的,就永远邪恶"(《启示录》第22章第11节[①]),就好像是现在已经可以跨入永恒以及和它在一起的万物的终结了。——但是正如自从那时以来总是有新的计划提出来,其中最新的却往往只不过是老计划的恢复,所以今后也少不了有更多的最后的规划的。

① 《启示录》第22章,第11节:"不义的仍旧叫他不义。……为义的仍旧叫他为义。"——译注

我深刻意识到自己在进行新的成功的探索这方面无能为力，以致我由于确实并没有伟大的发明创造力而宁愿劝告人们：就让事情处于像是它们最后所处的那样，像是经过几乎一个世代之后已经证明了它们的后果还过得去那样。但是这一点却很可能并不是具有伟大精神或至少是具有进取精神的人们的意见；那么就请允许我谦卑地提出来倒不是他们应该做什么，而是他们应该提防自己可能冒犯什么，因为否则的话他们的行为就会违背自己本来的目标了（哪怕那是最好的目标）。

基督教除了它那律法的神圣性不可抗拒地激起了最大的尊敬而外，其中也还有某种可爱的东西。（我这里并不是指它以巨大的牺牲而为我们博得的人的可爱性，而是指事情本身的可爱性，也就是上帝所创立的道德体制；因为前者只能是随着后者得来的。）尊敬毫无疑问是首要的事，因为没有尊敬就不会产生真正的爱；尽管一个人可以没有爱而仍对另一个人怀有很大的尊敬。然而如果它不仅仅在于提出义务而且还在于遵守义务；如果我们追问行为的主观理由，而首先要从其中期待的，如其我们可以这样假定它的话，便是人们将要做什么，而不是仅仅追问其客观理由，即人们应该做什么；那么爱，作为自由地吸取别人的意见到自己的准则里来，也就是对人性不完美的一种不可缺少的补充物了（即必须是被迫去做理性通过法则所规定的东西）。因为凡是一个人所不高兴做的事，他就会做得非常之不够，甚至还要以诡辩推卸义务的指令，以至于我们不大能指望着以义务作为动机而没有爱的参与。

如果现在我们为了把它弄得很好，便给基督教再添上一种什么权威（哪怕是神圣的权威），那么即使它自身的目标依然可以是

那么意图良好而且其目的也依然确实可以是那么善良，但是它的可爱性却消失了；因为要求某个人不仅仅是去做某件事而且还得高兴去做那种事，这本身就是一个矛盾。

基督教作为目标的是：要为普遍遵守自己的义务这一事业而促进爱，并且还要把它创造出来；因为基督教的创立者并不是以一个要求别人服从自己的意志的司令官的身份在发言，而是以一个博爱者的身份在发言；他要把他的同胞们很好地理解到的意志置于他们的内心之中，也就是说，如果他们能证明自己恰当的话，他们就可以根据它而随心所欲地自行行动。

因此，它是一种自由化的思想方式，——那距离奴隶思想和放荡不羁是同样地遥远，——基督教就可以指望从这里面收到它那教诲的效果；通过这种办法才可以为基督教博得其悟性已经受到义务法则的提法所启蒙了的人们的心。选择终极目的的自由感，才会使他们觉得立法可爱。——因此尽管基督教的导师也宣告惩罚，但是这一点却不可理解为就是使我们要遵从它的指令的动机，至少这样解释是不符合基督教所固有的特性的；因为要是这样，它就不会再成其为可爱的了。我们不如把这一点解释为只是出自立法者的好意的一种仁慈的警告，以便防范由于犯法所必不可避免会产生的损害（因为：lex est res surde et inexorabilis〔法律都是不听劝告的聋家伙〕，李维[1]）。因为在这里胁迫人的，并不是作为

① 此处引文原文应作：leges rem surdam，inexorabilem esse〔法律是个聋家伙，是不听劝告的。〕语出罗马历史学家李维（Livius Titus，公元前 59— 公元 17）《罗马史》II. 3，4。——译注

自愿采取的生命准则的基督教，而是法则；作为植根于事物本性之中的不可更改的秩序的法则，并没有把决定它的后果是这样或那样，交给哪怕是创造主去任意处置。

假如基督教许诺了报酬（例如"欢乐和慰藉吧，因为你们在天上都会很好地得到报偿[①]"）；按照自由化的思想方式，这就绝不能解释为好像是一种贿赂，以便收买人们去过品行善良的生活似的，因为那样一来基督教的本身就又不会成其为可爱的了。唯有对于那种出自无私的动机的行为的愿望，才能激起人们对于实现了那种愿望的人的尊敬；而没有尊敬也就不会有真正的爱。因此我们决不可赋予那种许诺以这样一种意义，即把它当作是对于行为动机的报酬。束缚着一种自由化的思想方式而使之成为行善者的那种爱，并不是由困苦者所接受的善行来指导的，而仅仅是由行善者倾向于付出它来的那种意志的善良性来指导的；即使是他的能力有所不及，或者是由于着眼于实现普遍的世界美好的其他动机而妨碍了它的实现。

这就是基督教本身所带来的那种道德的可爱性了；它通过舆论的经常变化所加给它的那么多的外来束缚，却始终光耀如常，并且面对着否则它就必定会遇到的那种背叛而维护了基督教。而且（最值得瞩目的就是），它在人类所从未有过的这次最伟大的启蒙时代[②]里，却始终显示出一种只是格外辉煌的光亮来。

① 《新约·马太福音》第 5 章，第 12 节："应当欢喜快乐，因为你们在天上的赏赐是大的。"——译注

② "启蒙时代"指 18 世纪的启蒙运动，见前《答复这个问题"什么是启蒙运动"》。——译注

假如基督教有一天走上了不再成其为可爱的地步（这是很可能发生的，如若它不是被自己的温良的精神而是被专制的权威所武装的话），那么对它的背叛和反抗就会成为人类占统治地位的思想方式，因为在道德事物上是没有中立的（互相对立的原则就更不会有联合）。于是本来就被认为是最末的日子的先驱者的反基督者[①]（大概是以恐怖和自私自利为基础）就会出现，并开始他那尽管是短暂的统治。那时候虽则基督教确实注定要成为普遍的世界宗教，却由于命运的缘故而不会有利于使它成为那样，于是在道德观点上的万物的〔被颠倒了的〕[②]终结就会来临。

① “反基督者”即“敌基督者”。《新约·约翰一书》第2章，第18节：“如今是末时了，你们曾听见说，那敌基督的要来，现在已经有好些敌基督的出来了。从此我们就知道如今是末时了。”——译注

② 此处括号内字样系据普鲁士科学院版全集卷8补入。——译注

永久和平论①

——一部哲学的规划

走向永久和平

在荷兰一座旅馆的招牌上画有一片坟场，上面写着走向永久和平这样几个讽刺的字样。究竟它是针对着人类一般的呢，还是特别针对着对于战争永远无厌的各国领袖们的呢，还是仅只针对着在做那种甜蜜的梦②的哲学家们的呢，这个问题可以另作别论。但是本书作者却要保留这样一点：实践的政治家对理论家的态度本来就是以极大的自满把他们鄙视为学究的；国家既然必须从经验的原则出发，而理论家以其空洞无物的观念又不会给国家带来任何危害，于是人们就总可以让理论家去大放厥词，而深通世故的国事活动家却不必加以重视；他们即使在有争论的情况下也必须始终一贯地对待理论家，而不可在理论家侥幸胆敢公开发表的意

① 本文写于 1795 年(康德 71 岁)，最初出版于 1795 年，哥尼斯堡，尼柯罗维乌斯出版社。1796 年，增订再版。译文据普鲁士皇家科学院编《康德全集》(柏林，格·雷麦版，1912 年)，第 8 卷，第 341—384 页译出。本文是在卢梭著作的直接启发和影响之下写成的；书中把社会契约论的观点应用于人类历史与国际关系，以之论证《世界公民观点之下的普遍历史观念》一文中的一个基本论点，即各个国家联合体的世界大同乃是人类由野蛮步入文明的一个自然的而又必然的历史过程。——译注

② “那种甜蜜的梦”指永久和平。——译注

见背后还嗅出来对国家有什么危害。本书作者将由于这项 clausula salvatoria[保险的条文]而保卫自己并以最好的形式断然拒绝一切恶意的解释。

第一节

本节包括国与国之间永久和平的先决条款

1."凡缔结和平条约[①]而其中秘密保留有导致未来战争的材料的,均不得视为真正有效。"

因为那样一来,它就只是单纯的停战协定,即交战行动的推延,而并不意味着结束一切敌对行为的和平;再附以永久这个形容词,它就更是一纸可疑的空文了。现有的一切导致未来战争的原因,尽管目前也许尚未为缔约者自己所认识,都要全部被和平条约加以消灭,它们甚至可能是被极其敏锐的侦察技巧从档案文献中搜索出来的。保留(reservatio mentalis[思想上保留])下来原先的、主要是未来可以意料到的要求,而其中没有任何部分是可以现在提及的,因为双方都已经精疲力竭无法继续战争,却又心怀恶意地要利用最早的有利时机以求达到这种目的;那就属于耶稣会士的决疑论了。如果我们就事论事,那就配不上一个执政者的尊严了,正如奉命去进行这类推论就配不上他的国务大臣的尊严一样。

但是假如随着国家智虑概念的启蒙,国家的真正光荣竟被置

① 1795 年 5 月 5 日法国与普鲁士缔结的巴赛尔和平条约为本书的写作提供了背景。——译注

诸于国力的不断扩大，而不问手段如何；那么以上的判断看来当然就是书院式的而且学究气的了。

2.“没有一个自身独立的国家（无论大小，在这里都一样）可以由于继承、交换、购买或赠送而被另一个国家所取得。”

一个国家并不（多少像它的位置所据有的那块土地那样）是一项财产（patrimonium）。国家是一个人类的社会，除了它自己本身而外没有任何别人可以对它发号施令或加以处置。它本身像是树干一样有它自己的根茎。然而要像接枝那样把它合并于另一个国家，那就是取消它作为一个道德人的存在并把道德人弄成了一件物品，所以就和原始契约的观念相矛盾了[①]；而没有原始契约，则对于一国人民的任何权利都是无法思议的[②]。偏爱这种取得国家的方式，也就是说国家之间可以相互联婚，直迄我们最近的时代已经把欧洲——因为世界的其他部分还从不曾意识到这种东西呢——带到何等危险的地步，已经是尽人皆知的了。它部分地作为一种新工业，可以通过家族联系而不需动用武力就造成优势；部分地又以这种方式而扩张领土。——这里面也要算上一个国家雇佣另一个国家的军队来反对一个并不是双方共同的敌人[③]；因为臣民在这里就像随心所欲的物品那样地在被人使用并且被消耗殆

① 参看卢梭《社会契约论》第1卷，第6章。——译注

② 一个世袭的王国并不是一个可以被另一个国家所继承的国家，但是治理它的权利则可以为另一个生物人所继承。这个国家于是使得到了一个统治者，但是统治者作为这样一个统治者（也就是领有另一个王国的人）并没有取得这个国家。——原注

③ 系指不久前英国曾雇佣德国黑森军队镇压美国独立战争。——译注

尽。

3."常备军(miles perpetuus)应该逐渐地全部加以废除。"

因为他们由于总是显示备战的活动而在不断地以战争威胁别的国家,这就刺激各国在备战数量上不知限度地竞相凌驾对方。同时由于这方面所耗的费用终于使和平变得比一场短期战争更加沉重,于是它本身就成为攻击性战争的原因,为的是好摆脱这种负担。况且还有:花钱雇人去杀人或者被杀,看来就包含着把人当作另一个人(国家)手中的单纯机器或工具来使用,这和我们自己身上的人权是不会很好地结合一致的。但国家公民自愿从事定期的武装训练,从而保全自身和自己的祖国以反抗外来的进攻,那就完全是另一回事了。

财富的积累也可以是这样地进行的,以至于被别的国家看成是以战争相威胁。(因为在军队威力、结盟威力和金钱威力这三种威力之中,后者很可能是最牢靠的战争工具[①]。)如果不是难以考察其数量的话,它就会迫使对方预先发动进攻了。

4."任何国债均不得着眼于国家的对外争端加以制订。"

为了国家经济的缘故(改良道路,新的移民垦殖,筹建仓廪以备荒年,等等)而寻求国内外的援助,这种援助的来源是无可非议的。但是作为列强相互之间的一种对抗机制而言,则一种无从预

① 此处可能是指普鲁士国王腓德烈第一(1713—1740 年)重商主义政策所积累的国库,使腓德烈大王(第二,1740—1784 年)有可能进行七年战争(1756—1763 年)。——译注

见在增长着的、然而对当前的偿债要求(因为不会所有的债权人同时一起都来要求的)又总是安全的债务的举债体系,便是一种危险的金钱威力了。本世纪内一个经营商业的民族的这种巧妙的发明[①]乃是一项进行战争的财富,它超过了所有其余国家合在一起的财富,并且只能是由于行将到来的税收亏损(尽管由于对工商业的反作用在刺激着贸易而可以使之长期延缓)而告枯竭。这种进行战争之轻而易举和当权者那种似乎是人性所特有进行战争的意图一道,于是就成为永久和平的一大障碍。由于这个缘故,禁止它们就更加必须是永久和平的一项先决条款了,因为终于无可避免的国家破产必定会牵连许多其他国家无辜受累的,并会给它们造成公开的损害。因而,别的国家至少有权结合起来反对这样一个国家以及它的横行霸道。

5."任何国家均不得以武力干涉其他国家的体制和政权。"

因为,是什么使得它有权这样做的?是一个国家对于另一个国家的臣民进行了什么侮辱吗?这一点倒不如说是通过一个民族由于自己没有法律所招致重大灾难的前例而向别的国家敲起了警钟。一个自由人向别人所提供的恶劣先例(作为 Scandalum acceptum[被接受的侮辱]),一般是不会成为对别人的损害的。但是如果一个国家由于内部的不和而分裂为两部分,每一部分都自命为一个单独的国家,声称着代表全体;那就确实不能援用这一点了。援助其中的一方不能就认为是干涉别国的体制。(因为这时

① "一个经营商业的民族"指英国,近代国债制度最早出现于英国。——译注

候它是无政府状态。)但是只要这种内争还没有确定，则这一外力干涉就会侵犯一个仅仅纠缠于自己内部的病症却并不依附任何别人的民族的权利了；因此它本身就构成一种既定的侮辱并使一切国家的独立自主得不到保障。

6.“任何国家在与其他国家作战时，均不得容许在未来和平中将使双方的互相信任成为不可能的那类敌对行动：例如，其中包括派遣暗杀者(pecussores)、放毒者(venefici)、破坏降约以及在交战国中教唆叛国投敌(perduellio)等等。”

这些都是不荣誉的策略。因为即使在战争中，对于敌人的思想方式也还是得保留某些信任的，否则的话就连任何和平条约都不可能缔结了；于是敌对行动就会以一场绝灭性的战争(bellum internecinum)而告结束。既然战争只不过是自然状态之下的一种可悲的、以武力来肯定自己的权利的必需手段(在自然状态之下并没有现成的法庭可以做出具有法律效力的判断)；这里双方之中的任何一方就都不能被宣布为不义的敌人(因为这就得预先假定有一种法庭的判决)，而是战争的结局(就好像是面临一场所谓上帝的审判那样)决定了正义[1]是在哪一方的。但是国与国之间的任何惩罚性的战争(bellum punitivum)都是不可思议的(因为它们之间并不存在主宰与隶属的关系)。

由此可见：只会造成双方以及一切权利随之同时一起毁灭的一场绝灭性的战争，就只是在整个人类物种的巨大的坟场上才能

① 此处“正义”原文为 Recht，即“权利”。——译注

发现永久和平。因此，这样的一场战争以及使用导致这种战争的手段，就必须是绝对不能容许的。——然而上述手段之不可避免地会导致这种战争，却可以由以下这一点得到阐明：那种恶魔式的艺术既然其本身就是丑恶的，所以一旦加以使用时，就不会长久地限制在战争的范围之内，例如使用间谍(uti exploratoribus)，那就只不外是利用另一个人的无耻而已(这是永远也无法消灭干净的)；而那种艺术还要过渡到和平状态，于是也就完全摧毁了和平的目标。

* * *

尽管上述的法则在客观上，也就是说在当权者的意图中，纯属禁令性的法律(leges prohibitivae)；然而其中有一些却是严格的、不问任何情况一律有效的(leges strictae)，是迫切必须立即实施的(例如第1，5，6各条款)。但是另外的一些(第2，3，4各条款)虽则也不能作为权利规律的例外，但就它们的执行而论，则由于情况不同而在主观上权限便较宽(legse latae)，并且包括容许推延它们的实现，而又不致忽略了目的。例如，按第2条款恢复某些国家被剥夺的自由就不得推延到遥遥无期，(就像奥古斯都所常常许诺的那种 ad calendas graecas[希腊的历法][①])，因而也就是不恢复，而仅只是允许推延，以便不必过于匆忙乃至违背了目标本身。因为禁令在这里仅仅涉及今后不得有效的取得方式，而并不涉及占有地位；占有状态尽管并不具备必要的权利资格，但在它那(推想的取得)时，

① calendas 为罗马所特有的历法，故“按希腊的 calendas”即指遥遥无期。“遥遥无期”此处原文为 Nimmertag 指世界末日后的一日，这一天两个星期日重合。——译注

按照当时的公共意见却被所有的国家都认为是合乎权利的①。

第二节

本节包括走向各国之间永久和平的正式条款

人与人生活于相互间的和平状态并不是一种自然状态(sta-

① 是否除了命令(leges preceptivae)与禁令(leges prohibitivae)而外,还可以有纯粹理性的许可法(leges permissivae);这是迄今为止不无理由一直为人所疑问的。因为法律一般包括客观实践必要性的理由,而许可则包括某些行为的实践偶然性的理由;因而许可法就包括对于没有人可以受到强制的那种行为的强制。如果这两种观点的法律对象具有同一种意义,那就会是一个矛盾。但是在许可法这里,预先规定的禁令仅仅涉及未来对一种权利的取得方式(例如,由于继承);而解除这种禁令,亦即许可法,则涉及目前的占有地位。这种占有地位在由自然状态向公民状态的过渡中,作为一种虽则不合权利的、然而按照自然权利的许可法却不失为荣誉的占有,仍可以继续延长下去,尽管它是一种推想的占有(possessio putativa)。但一旦认出了它在自然状态之中是这样的一种性质,则在随后的公民状态中(在过渡发生之后)类似的取得方式就要被禁止;如果在公民状态中发生这样一种设想的取得的话,延续占有的权限就不能存在,因为这时候它作为一种侵权是一经发现其不合权利性就必须加以废止的。

我这里只是附带地想要唤起自然权利学派注意到在做着系统划分工作的理性其本身所提供的这一 lex permissiva[许可法]的概念而已,它特别在民法(法规)中是常常加以引用的;只不过有着这样一个区别:即禁令法是本身独立存在的,而许可法却不是作为限制性的条件(像它所应该的那样)参与到那种法律之中,而是被列为例外的。——于是它就说:这种事或那种事是被禁止的;例外的是第一条、第二条、第三条,如此类推以至无穷。在这里,许可并不是根据原则,而是到了事情临头才到处摸索而以偶然的方式加之于法律的。因为否则的话,条件就必定被列为禁令法的形式,那样一来它本身就同时成为许可法了。——因此那位既聪明而又尖锐的温狄士格莱茨伯爵先生所提出的那个意义深长但始终没有得到解决的悬奖征文(温狄士格莱茨伯爵[Reichgraf Josef Niklas von Windischgrätz,1744—1802 年]曾以如下问题悬奖征文:"怎样才能缔结契约使之不得有分歧的解释,并且不可能有关于财产转移的任何争论,从而使任何具有这一拟议中的形式的权利文件都不可能出现法律讼诉?"——译者)恰好是击中了上述问题的要害,但不久竟被人遗忘,真是太可惋惜了。因为这样一种(有如数学般的)条文的可能性乃是始终一贯的立法体系的唯一真正的试金石,没有这一点则所谓 ius certum[确切的法律]就始终不过是一种虔诚的愿望而已。——否则的话

tusnaturalis)，那倒更其是一种战争状态[1]；也就是说，纵使不永远是敌对行为的爆发，也是不断在受到它的威胁。因此和平状态就必须是被建立起来的，因为放弃敌对行为还不是和平状态的保证；并且除非它能被每一个邻人向另一个邻人所提供(然而这是只有在一种法治状态之中才可能发生的)，否则一个人就可以把自己对之提出这种要求的人当作是敌人[2]。

永久和平第一项正式条款

每个国家的公民体制都应该是共和制

由一个民族全部合法的立法所必须依据的原始契约的观念而

我们就会仅只有一般的法律(一般地说来有效)，而没有普遍的法律(普遍地有效)，有如看来是法律的概念所要求的那样。

① 参看霍布斯《利维坦》第13章。——译注

② 我们通常都假定我们不可以敌对任何人，除非仅仅是他已经事实上伤害了我们。当双方都处于公民-法治状态之中的时候，这一点是完全正确的。因为由于他们进入了这种状态，他们每一方就向对方(通过对于双方都具有强制力的权威)提供了所必需的安全保证。——但是一个人(或者一个民族)在纯自然状态之中却取消了我们的这种保证，并且还由于他处于与我相邻的这一状态本身而伤害了我们，尽管不是在事实上(facto)但却通过他那状态的无法律性(statu iniusto[无法律状态])而经常地在威胁着我们。我们可以迫使他要么和我们一起进入社会-法治状态，要么离开我们附近。因此构成以下全部条款的基础的公理就是：一切彼此可能互相影响的人们，都必须隶属于某种公民体制。

但就有关处于其中的个人而言，则一切合法的体制都是：

1. 根据一个民族的人们的国家公民权利的体制(ius civitatis[民法])，

2. 根据国家之间相互关系的国际权利(ius gentium[国际法])，

3. 根据世界公民权利的体制，——就个人与国家对外处于互相影响的关系中可以看作是一个普遍的人类国家的公民而言(ius cosmopolitanicum[世界公民法])。

这种划分并不是随意的，它对永久和平的观念而言乃是必要的。因为只要其中的一方对于另一方有着物理影响的关系却仍然处于自然状态，那么战争状态就会和它结合在一起，而我们这里的目标恰好是要从战争状态之中解放出来。

得出的唯一体制就是共和制[①]。这首先是根据一个社会的成员

① 合法的(因而是对外的)自由是不能像人们惯常所做的那样,以如下的权限来下界说的:即只要是不对任何人采取非法行动,我们就可以做自己所愿意做的一切事。因为什么叫权限呢?那就是指行为的可能性,只要我们不因此而对任何人采取非法行动。于是阐释就是在这样说:自由就是一个人并不因之而对任何人采取非法行动的那种行为的可能性。一个人不对任何人采取非法行动(他可以做他所愿意做的任何事),只要他不对任何人采取非法行动:由此可见,这只是空洞的同义反复。我的对外的(合法的)自由倒不如这样来阐释:它乃是不必服从任何外界法律的权限,除了我能予以同意的法律而外。——同样地,一个国家中的对外的(合法的)平等也就是国家公民之间的那样一种关系,根据那种关系没有人可以合法地约束另一个人而又不自己同时也要服从那种以同样的方式反过来也能够约束自己的法律。(关于合法的依赖性的原则,既然它已经一般存在于国家体制的概念之中,所以就不需要再做任何阐释了。)

这种天生的、必然为人性所有的而又不可转让的权利,它的有效性可以由于人类本身对于更高级的存在(如果他自己这样想的话)的合法关系的原则而得到证实和提高;因为他可以根据这同一个原理而把自己当作是一个超感世界的国家公民。因为就我的自由而论,则我自身对于神圣的、纯由理性而可以被我认识到的法则并不受任何约束,除了仅仅是我自己所能予以同意的而外。(因为我首先是由于我自身理性的自由法则,才形成对神圣意志的概念的。)至于除了上帝而外,就有关我多少可以想象的最崇高的世界存在者(一位伟大的永存者[“永存者”原文为 Aon,源出希腊文 Αἰώγ,指人格化的永恒时间。——译注])的平等原则而论,则并没有任何理由何以当我在我的岗位奉行义务,正如那位永存者在他的岗位奉行义务一样,我就只落得有义务服从而他却有权发号施令。——但这一平等原则之所以并不(像自由原则那样)适用于对上帝的关系,则其理由就在于这位存在者(指上帝。——译注)乃是义务概念到了他那里便告中止的唯一存在者。但是至于作为臣民的全体国家公民的平等权利,则关于是否可以容许有世袭贵族这个问题的答案就完全取决于:是国家所授予的等级(一个臣民优先于另一个)必须先看功绩呢,还是功绩必须先看等级呢?——最明显的就是:如果等级是和出身联系在一起的,那么功绩(职务能力和职务忠心)是否也会随之俱来就是完全无法确定的了;因而那就会恰好有如它是被授给了一个毫无功绩可言的佞幸者(作为发号施令的人)一样;一项原始契约(它是一切权利的原则)里面的人民公意是绝不会得出这种结论的。因为一个贵人并不会因此之故就是一个高贵的人(“贵人”原文为 Edelmann,“高贵的人”原文为 edeler Mann。——译注)。——至于职务贵族(例如我们可以称作一个高级官职的等级的,并且那是一定要凭一个人本身的功绩获得的),那么这种等级并不像财产那样附着于人身,而是附着于职位的,并且平等也并未因之而受到损害;因为当他去职时,他就同时也放弃了他的等级而又回到了人民中间。

(作为人)的自由原则,其次是根据所有的人(作为臣民)对于唯一共同的立法的依赖原理,第三是根据他们(作为国家公民)的平等法则而奠定的。因此它本身就权利而论便是构成各种公民宪法的原始基础的体制。现在的问题只是:它是否也是可以导向永久和平的唯一体制?

共和体制除了具有出自权利概念的纯粹来源这一起源上的纯洁性而外,还具有我们所愿望的后果,亦即永久和平的前景;其理由如下。如果(正如在这种体制之下它不可能是别样的)为了决定是否应该进行战争而需要由国家公民表示同意,那么最自然的事就莫过于他们必须对自己本身做出有关战争的全部艰难困苦的决定,[其中有:自己得作战,得从自己的财富里面付出战费,得悲惨不堪地改善战争所遗留下来的荒芜;最后除了灾祸充斥而外还得自己担负起就连和平也会忧烦的、(由于新战争)不断临近而永远偿不清的国债重担],他们必须非常深思熟虑地去开始一场如此之糟糕的游戏。相反地,在一种那儿的臣民并不是国家公民、因此那也就并不是共和制的体制之下,战争便是全世界上最不假思索的事情了,因为领袖并不是国家的同胞而是国家的所有者,他的筵席、狩猎、离宫别馆、宫廷饮宴以及诸如此类是一点也不会由于战争而受到损失的。因此他就可以像是一项游宴那样由于微不足道的原因而做出战争的决定,并且可以漫不经心地把为了冠冕堂皇起见而对战争进行辩护的工作交给随时都在为此做着准备的外交使团去办理。

*　　*　　*

为了不至于(像常常会发生的那样)混淆共和的体制和民主的

体制，下叙各点必须加以注意。一个国家(civitas)的形式可以或是根据掌握最高国家权力的不同的人，或是根据它的领袖对人民的政权方式而无论其人可能是谁，来加以区分。第一种就被确切地叫作统治的形式(forma imperii)，并且它只有三种可能的形式，亦即或则是仅仅一个人，或则是一些人联合起来，或则是构成为公民社会的所有的人一起握有统治权力(专制政体、贵族政体和民主政体，君主权力、贵族权力和人民权力)。第三种则是政权的形式(forma regiminis)，并涉及国家如何根据宪法(即人群借以形成一个民族的那种公意的记录)而运用其全权的方式；在这方面它或者是共和的或者是专制的。共和主义乃是行政权力(政府)与立法权力相分离的国家原则；专制主义则是国家独断地实行它为其自身所制定的法律的那种国家原则，因而也就是公众的意志只是被统治者作为自己私人的意志来加以处理的那种国家原则。——在这三种国家形式之中，民主政体在这个名词的严格意义上就必然是一种专制主义，因为它奠定了一种行政权力，其中所有的人可以对于一个人并且甚而是反对一个人(所以这个人是并不同意的)而做出决定，因而也就是对已不成其为所有的人的所有的人而做出决定。这是公意与其自身以及与自由的矛盾。

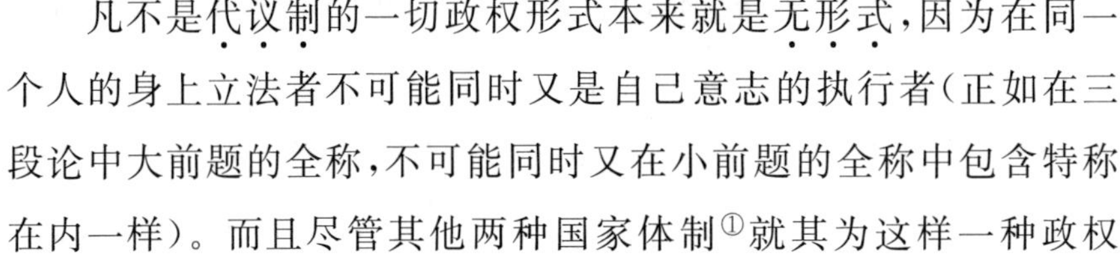

凡不是代议制的一切政权形式本来就是无形式，因为在同一个人的身上立法者不可能同时又是自己意志的执行者(正如在三段论中大前题的全称，不可能同时又在小前题的全称中包含特称在内一样)。而且尽管其他两种国家体制[①]就其为这样一种政权

① “其他两种国家体制”即专制政体与贵族政体。——译注

形式留有余地而言，也总是有缺陷的；然而它们至少还有可能采用一种符合于代议制体系的精神的政权方式，至少是有点像腓德烈第二[①]说过的，他只不过是国家的最高服务员[②]。反之，民主制则使得这一点成为不可能，因为在这里所有的人都要做主人。——所以我们就可以说：国家权力的人员（统治者的人数）越少，他们的代表性也就相反地越大，国家体制也就越发符合共和主义的可能性并且可望通过逐步改革而终于提高到那种地步。由于这个原因，在贵族政体之下就比在君主政体之下更难于，而在民主政体之下则除非是通过暴力革命就根本不可能达到这种唯一完美的合法体制。

然而政权方式[③]比起国家形式来，对于人民却是无比地更加

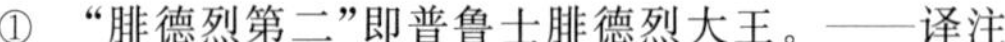

① “腓德烈第二”即普鲁士腓德烈大王。——译注

② 人们把常常是加给一个统治者的那些高级称号（神圣的被膏者[《旧约·撒母耳记下》第 2 章第 4 节：“膏大卫作犹大家的王。”《新约·路加福音》第 4 章，第 18 节：“主的灵在我身上，因为他用膏膏我。”——译注]、神意在地上的代理人、神意的代表等称号）斥责为庸俗的、使人头脑发晕的谄谀；但我却觉得没有道理。——它们远不会使国君高傲，而是必定会使他在自己灵魂的深处更加谦逊，假如他有理智的话（而这是我们必须假定的）；并想到他承担的是一项对于一个人来说是过于巨大的职务，是上帝在大地上所能有的最神圣的职务，即经管人权，而且一定会随时都战战兢兢不敢在什么地方碰坏了上帝的这一珍品。

③ 马莱·都·邦在他那天才口吻但空洞无物的言语中吹嘘说：经历多年之后他才终于达到对蒲伯那句有名的格言（指瑞士作家马莱·都·邦〔Jacques Mallet du Pan，1749—1800〕《论法国革命及其延续的原因》〔1793，德译本 1794〕一书，该书结尾引了英国诗人蒲伯如下的两行诗。——译注）的真实性深信不疑：“让蠢人去争论最好的政权吧；领导得最好的那种就是最好的。”（语出英国诗人蒲伯〔Alexander Pope，1688—1744〕《人论》III，第 303—304 页：“政府的形式就让蠢人去争论；治理得最好的就是最好的。”——译注）。如果这要说的是：领导得最好的政权就是领导得最好的，那么用斯威夫特的话来说，他就是咬破核桃尝到了蛆（此处征引有误。斯威夫特[Jonathan Swift，1667—1741，英国小说家]《桶的故事》：“智慧就是一只母鸡，我们必须珍重考虑它那咯

重要(在很大程度上也要以它对这一目的或多或少的适宜性究竟如何为转移)。但是代议制体系如果能符合权利概念的话,便属于那种政权方式,因为唯有在代议制体系中共和制的政权方式才有可能,没有代议制体系则它(无论体系可能是什么样的)就是专制的和暴力的。——古代所谓的共和国没有一个是认识到这一点的,于是它们就势必会都解体为专制主义,那在唯予一人的最高权力之下还算是一切专制之中最可忍受的一种呢。

永久和平第二项正式条款

国际权利应该以自由国家的联盟制度为基础

各个民族作为国家也正如个人一样,可以断定他们在自然状态之中(即不靠外部的法律)也是由于彼此共处而互相侵犯的。它们每一个都可以而且应该为了自身安全的缘故,要求别的民族和自己一道进入一种类似公民体制的体制,在其中可以确保每一个

咯乱叫,因为它下了一个蛋;然而最后它又是一枚核桃,除非你能仔细判断选择,不然它会费掉你一颗牙而只不过给你一条虫。"〔《散文著作集》伦敦,1900,第 1 卷,第 55 页。〕——译注);然而如果它的意思是说,领导得最好的政权也会有最好的政权方式,也就是国家体制,那可就大错特错了;因为好政权的例子一点也证明不了政权方式。——有谁当政能比铁图斯和马尔库斯·奥勒里乌斯(铁图斯〔Titus Flavius Uspasianus,39—81〕罗马皇帝,公元 79—81 年在位;马尔库斯·奥勒里乌斯〔Marcus Aurelius Antoninus,121—180〕罗马皇帝,公元 161—180 年在位。——译注)更好?可是他们一个留下来了一个多米提安,另一个则留下来了一个柯莫多斯(多米提安〔Domitian,即多米提安努斯 Titus Flavius Domitianus,65—96〕继铁图斯为罗马皇帝,公元 81—96 年在位;柯莫多斯〔Marcus Aurelius Commodus Antoninus,161—192〕继马尔库斯·奥勒里乌斯为罗马皇帝,公元 180—192 年在位。前者以凶残多疑闻名,后者以侈纵闻名。——译注)做继承人;这种事在一个良好的国家体制里是不可能发生的,因为他们之不适于那个职位早已为人周知,而且统治者的权力又足以清除他们的。

民族自己的权利。这会是一种各民族的联盟,但却不必是一个多民族的国家。然而这里面却有一个矛盾:因为每一个国家都包括在上者(立法的)对在下者(听命的,即人民)的关系,而许多民族在一个国家之内就会构成为仅仅一个国家。这就和假设相矛盾,因为我们在这里是只就各个民族构成为同样之多的不同的国家、而不是融合为一个国家来考察各个民族彼此之间的权利的。

正如我们深深地鄙视野人之依恋他们没有法律的自由,他们宁愿无休无止地格斗而不愿屈服于一种他们本身就可以制定出来的法律的强制之下,因而是宁愿疯狂的自由而不愿理性的自由;我们把这看作是野蛮、粗暴和畜牲式地贬低了人道。所以我们就设想各个开化的民族(每一个民族都结合成一个国家)必定是急于最好能尽快地摆脱一种如此之败坏的状态。然而现在每一个国家并不是这样,倒更加是恰好要把自己的威严(因为人民的威严是一种荒谬的提法)置诸于完全不服从任何外界法律的强制;而它的领袖的光彩就在于他自己不必置身于危险之中又有千千万万的人对他俯首听命,为着和他们本身毫无关系的事情去牺牲自己①。欧洲野人与美洲野人的区别主要地就在于:美洲野人许多部落是被他们的敌人统统吃光的,而欧洲野人却懂得怎样更好地利用自己的被征服者而不必把他们吃掉。欧洲野人懂得最好是用他们来扩充自己臣民的数目,因而也就是继续扩大战争工具的数量。

鉴于人性的卑劣在各个民族的自由关系之中可以赤裸裸地暴

① 曾有一位希腊皇帝好心肠地想要以决斗来解决他和保加利亚大君之间的争端,保加利亚大君就这样回答说:“有钳子的铁匠是不会伸自己的手去从煤火里取出炽热的铁来的。”

露出来,(可是在公民-法治状态之下它却由于政权的强制而十分隐蔽),所以权利这个字样居然还能不被当作是迂腐的字样而完全被排斥在战争政治之外,并且也没有任何国家敢于公然宣扬这种见解,那就太值得惊异了。休哥·格劳修斯、普芬道夫、瓦代尔[①]以及其他人(这些真正悲哀的安慰者[②]),尽管他们那些哲学式地或外交式地撰写出来的法典并没有而且也不可能有一丝一毫合法的力量(因为如是的各个国家并不处于一个共同的外部强制力之下),却往往衷心地被人引征来论证战争侵略的正当,但并没有一个先例是哪个国家由于受了这么重要的人物所武装的论证的感动便放弃自己的计划的。——然而每个国家对权利概念所怀有的这种效忠(至少是在字面上)却证明了,我们仍然可以发现人类有一种更伟大的、尽管如今还在沉睡着的道德秉赋,它有朝一日会成为自己身上邪恶原则的主宰的(这是他所不能否认的);并且这一点他也可以希望于别人。因为否则的话,权利这个字样就决不会出现在彼此想要进行搏斗的国家的嘴头上了,并且仅仅是为了加以嘲弄才会像那位高卢的王公[③]那样宣称什么:"大自然所赋给强者凌驾弱者的优越性就在于弱者应该服从强者。"

① 格劳修斯(Hugo Grotius,1583—1645),荷兰法学家,《战争与和平法》(1625年);鲁芬道夫(Freiherr Samuel von Pufendorf,1632—1694),德国法学家,《自然法与国际法》(1672 年);瓦代尔(Emmerich de Vattel,1714—1767),瑞士法学家,《国际法》(1758 年)。——译注

② "真正悲哀的安慰者"指努力安慰反而增加悲哀的人。《旧约·约伯记》第 16 章,第 2 节:"你们安慰人,反叫人愁烦。"——译注

③ "那位高卢的王公"指公元前 4 世纪初入侵罗马的高卢部族领袖贝伦努斯(Berennus)。——译注

国家追求自身权利的那种方式决不能像是在一个外部的法庭上进行诉讼那样，而只能是战争；然而通过这种方式及其有利的结局，即胜利，却决定不了权利。和平条约确实可以结束目前这场战争，但不能结束(永远在寻找新借口的)战争状态，(而我们又不能宣称它是不正当的，因为在这种状态中每一方都是他自身事情的裁判者。)但是在无法律状态中根据自然权利所适用于人类的东西，即“应该走出这种状态”，根据国际权利却不能同样地适用于各个国家。(因为他们作为国家已经在内部具备了权利的体制，所以已经超过了别人根据他们的权利概念而可以把他们带到一种更广泛的法律体制之下的那种强制。)同时理性从其最高的道德立法权威的宝座上，又要断然谴责战争之作为一种权利过程，相反地还要使和平状态成为一种直接的义务；可是这一点没有一项各民族之间的契约就不可能建立起来或者得到保障。——于是就必须有一种特殊方式的联盟，我们可以称之为和平联盟(foedus pacificum)；它与和平条约(pactum pacis)的区别将在于，后者仅仅企图结束一场战争，而前者却要永远结束一切战争。这一联盟并不是要获得什么国家权力，而仅仅是要维护与保障一个国家自己本身的以及同时还有其他加盟国家的自由，却并不因此之故(就像人类在自然状态之中那样)需要他们屈服于公开的法律及其强制之下。

这一逐步会扩及于一切国家并且导向永久和平的联盟性的观念，其可行性(客观现实性)是可以论证的。因为如果幸运是这样安排的：一个强大而开明的民族可以建成一个共和国(它按照自己的本性是必定会倾向于永久和平的)，那么这就为旁的国家提供一个联盟结合的中心点，使它们可以和它联合，而且遵照国际权利的观念来保障各个国家的自由状态，并通过更多的这种方式的结合渐渐地不断扩大。

一个民族要是说："我们之间不要有任何战争；因为我们想缔造一个国家，也就是说我们要为自己设置最高的立法、行政和司法的权力，它可以和平解决我们的争端。"——这种说法是可以理解的。但是如果这个国家说："我和别的国家之间不要有任何战争，尽管我不承认任何最高立法权力可以向我保障我的权利而我又保障它的权利"；那么假如它不是公民社会的联盟体，也就是自由的联盟制这种代替品的话，我对自己权利的信念想要建立在什么基础之上，就是全然不可理解的了。这就是理性所必然要使之结合于国际权利的概念的东西，假如其中终究还有什么东西是可以思议的话。

国际权利的概念作为进行战争的一种权利，本来就是完全无法思议的，因为那样一种权利就不是根据普遍有效的、限制每一个个体的自由的外部法律，而只是根据单方面的准则通过武力来决定权利是什么了。于是它就必须这样加以理解：即，对于那些存心要使他们自己彼此互相毁灭，因此也就是要在横陈着全部武力行动的恐怖及其发动者的广阔的坟场之上寻求永久和平的人们，它才是完全正确的。国家相互之间的关系，由于无法律状态仅仅蕴含着战争，是不可能根据理性再有任何其他方式的，只有是他们也恰好像个体的人那样放弃自己野蛮的（无法律的）自由，使自己适应于公开的强制性的法律，并且这样形成一个（确实是不断在增长着的）终将包括大地上所有民族在内的多民族的国家（civitas gentium)[1]。可是他们按照自己的国际权利观念却根本不愿意这样，因而就 in hypothesi[在假设上]抛弃了 in thesi[在理论上]是正确的东西。于是取代一个世界共和国这一积极观念的(如果还不是一切都丧失尽净的话)，就只能是以一种防止战争的、持久的并且不断扩大的联盟这项消极的代替品来扼制人类的害怕权利与敌对倾向的那种潮流了，尽管是不免有经常爆发战争的危险。(Furor impius intus——fremit horridus ore cruento[肆无忌惮的愤怒在那里面——张着血口怒吼。][2]魏吉尔。)[3]

永久和平第三项正式条款

世界公民权利将限于以普遍的友好为其条件

这里正如前面的条款一样，并不是一个仁爱问题，而是一个权利问题。而友好(好客)就是指一个陌生者并不会由于自己来到另一个土地上而受到敌视的那种权利。人们可以拒绝他，如果这样做不至于使他沦落的话；但是只要他在自己的地点上采取和平态

---

① “多民族的国家”原文为 Völkerstaat，系指世界所有民族合为一个全人类的国家(civitas gentium)，而不是指通常意义上的一个国家之内包括有若干民族的多民族国家。——译注

② 语出罗马诗人魏吉尔《伊奈德》Ⅰ，294—296。——译注

③ 在一场战争结束后缔结和平时，一个民族很可能并不是不适于在感恩欢庆之余再召集一次悔罪日，以国家的名义吁请上天宽恕这场重大的罪行，那是人类在对其他民族的关系上不愿顺从法律体制总要犯下的。然而他们却夸耀自己的独立性而宁愿运用战争这一野蛮手段，(而他们所追求的东西，即每个国家的权利，却并没有由此而成就。)——对于战争期间取得胜利的感恩庆祝、对万民之主以美妙的以色列方式唱着颂歌与人类之父这一道德观念所形成的尖锐对比也并不来得更小；因为他们除了对于各民族是怎样在追求他们相互权利的那种方式无动于衷(这就够令人伤心的了)而外，还要为消灭了那么多的人和他们的幸福而感到欢乐。

度，就不能够敌对他。他可能提出要求的，并不是任何作客权利，（为此就需要有一项特殊的慈善契约，使他得以在一定时期内成为同居伙伴），而是一种访问权利。这种权利是属于人人都有的，即由于共同占有地球表面的权利而可以参加社会，地球表面作为一个球面是不可能无限地驱散他们的，而是终于必须使他们彼此互相容忍；而且本来就没有任何人比别人有更多的权利可以在地球上的一块地方生存。

地球表面上不能居住的部分，即海洋和沙漠，隔开了这个共同体；即便如此，舟船或者骆驼（沙漠之舟）却使他们有可能越过这些无人地带而互相接近，并且利用属于人类所共同的对地球表面的权利而进行可能的来往。沿海居民不好客（例如，巴巴利人①），他们抢劫近海船只或是把搁浅了的船客掠为奴隶；或者沙漠居民（阿拉伯贝多因人②）把向游牧部落靠拢看成是一种对他们进行掠夺的权利；这些都是违反自然权利的。然而这种友好权利，亦即陌生的外来者的权限，所伸展的程度，也不外是尝试一下与老居民相交往的可能性的条件而已。相距遥远的世界各部分就可以以这种方式彼此进入和平的关系，最后这将成为公开合法的，于是就终于可能把人类引向不断地接近于一种世界公民体制。

让我们拿这来对比一下我们世界这部分已经开化、而尤其是从事贸易的那些国家的不友好的行为吧；他们访问异国和异族（在他们，这和进行征服等于是一回事）所表现的不正义性竟达到了惊

① 巴巴利人（Barbareske），北非沿海居民。——译注

② 贝多因人（Beduine），阿拉伯沙漠居民。——译注

人的地步。美洲、黑人大陆、香料群岛、好望角等等，自从一经发现就被他们认为是不属于任何别人的地方，因为他们把这里的居民当作是无物。在东印度（印度斯坦），他们以纯拟建立贸易站为借口带进来外国军队，但却用于进一步造成对土著居民的压迫、对这里各个国家燎原战争的挑拨、饥馑、暴乱、背叛以及像一串祷告文一样的各式各样压榨着人类的罪恶。

中国①和日本（Nipon）已经领教过这些客人们的访问，因而很

① 为了把这个大国写成它所自称的那个名字（即 China，而不是 Sina 或其他类似的称呼），我们只需翻阅一下格奥尔吉的《藏语拼音》（指意大利奥古斯丁派传教士格奥尔吉〔Antonio Agostino Georgi，即 Antonius Georgius，1711—1797〕所著《藏语拼音》，罗马，1762 年。——译注）一书，第 651—654 页，特别是注 b。——据彼得堡的费舍尔（Johann Eberhard Fischer，1697—1771，圣彼得堡教授，曾参加远东探险。此处称引，见所著《彼得堡问题》〔格廷根，1770 年〕第 2 节"中华帝国的各种名称"，第 81 页。——译注）教授的说法，它本来并没有它所用以自称的固定名称；最常用的则是 Kin 这个字，即黄金（西藏人叫作 Ser），因此皇帝就被称为黄金国王（全世界最辉煌的国土）。这个字在该国国内发音很像是 Chin，但是意大利传教士（由于喉音拼法的缘故）则可以发音像是 Kin。——由此可见，罗马人所称的 Seres（丝绸）之国就是中国；然而丝绸是经由大西藏（推测是通过小西藏与布哈拉，经由波斯，等等）而供应欧洲的；这就提示那个可惊异的国家之与西藏并且从而与日本的联系从许多方面来考察，其古老性都可以和印度斯坦相比；同时它的邻人所给予这个国土的 Sina 或 Tschina 的名字却没有提出来任何东西。

也许欧洲与西藏的古老的但从不曾为人正确认识的交往，可以从赫西奇乌斯（Hesychius，公元五或六世纪希腊文法学家。——译注）的主张，即伊留西斯神秘仪式（指古希腊伊留西斯〔Eleusis〕祭祀谷神 Demeter 的神秘仪式。——译注）中祭司们 Κονξ 'Ομπαξ（Konx Ompax）的呼声，之中得到阐明。（见《少年阿那卡西斯游记》［指法国考古学家巴泰勒米〔Abbé Jean Jacques Barthélemy〕所著《少年阿那卡西斯〔Anacharsis〕希腊游记》一书〔德译本，1792 年〕。——译注］第五部，页 447 以下。）—— 因为根据格奥尔吉《藏语拼音》，concioa 这个字的意思是上帝，此字和 Konx 有着惊人的相似性；Pah-cio（同书，页 520）这个字希腊人发起音来很容易像是 pax，它的意思是 promulgator legis〔法律的颁布者〕，即遍布于整个自然界的神性（也叫作 cencresi，页 177）。然而 Om 这个字拉·克罗泽（M. V. de La Croze，1661—1739，法国本笃派教士，普鲁士科

聪明的中国是虽允许他们到来但不允许人内，日本则只允许一种欧洲民族即荷兰人进来，但却像对待俘虏一样禁止他们与土著居民交往。由此而来的最坏的事情（或者，从一个道德裁判者的立场来考察，则是最好的事情），就是这类暴力行为一点也没有能使他们高兴。所有这些贸易公司都处于面临崩溃的峰巅上。糖料群岛这个最残酷而又最精心设计的奴隶制的营地，并没有带来任何真正的、而仅仅有一点间接的看来微不足道的收获，就是为战舰培养了水手，所以也就是为再度在欧洲进行战争而服务。这些列强干了许多事情来表示自己虔诚，并且愿意被人当作是正统信仰的特选者，而同时却酗饮着不正义就像饮水一样。

既然大地上各个民族之间（或广或狭）普遍已占上风的共同性现在已经到了这样的地步，以致在地球上的一个地方侵犯权利就会在所有的地方都被感觉到；所以世界公民权利的观念就不是什么幻想的或夸诞的权利表现方式，而是为公开的一般人类权利、并且也是为永久和平而对国家权利与国际权利的不成文法典所作的

学院会员。——译注）则翻译为 benedictus，即赐福，这个字用于神性时很可能并不是指什么别的，只不过是受福者而已（页 507）。法兰茨·荷拉提乌斯（Franz Horatius 或 Franciscus Horatius，即 Francisco Orazio della Penna、意大利传教士，1735—1747 年曾去拉萨居住。——译注）神父常常问西藏的喇嘛们，他们理解的上帝（conciva）是什么，而每次得到的回答都是："那是全部圣者的汇合。"（也就是说，圣者经历过各式各样的肉体之后终于通过喇嘛的再生而回到神性中来，即回到 Burchane 中来，也就是受崇拜的存在者、轮回的灵魂，页 223。）所以 Konx Ompax 这些神秘字样的意思很可能是指圣者（Konx）、福者（Om）和智者（Pax），即全世界遍处流行的最高存在者（人格化了的自然）；它们在希腊的神秘仪式中使用起来很可能是指与民众的多神教相对立的那种守护祭司们（守护祭司[Epopt]，古希腊伊留西斯神秘教中最高级的祭司。——译注）的一神教，虽说荷拉提乌斯神父（见前引）在其中嗅出了一种无神论。——这些神秘的字样是怎样经由西藏到达希腊人那里的，或许可以由上述方式加以阐明，而反过来早期欧洲经由西藏与中国相交通（或许更早于与印度斯坦相交通）也因此看来像是很可能的事。

一项必要的补充。唯有在这种条件之下，我们才可以自诩为在不断地趋近于永久和平。

第一条系论

论永久和平的保证

提供这一担保（或保证）的，并非是什么微不足道的东西，而正好是大自然这位伟大的艺术家本身（natura daedala rerum［大自然这位万物的设计师］[①]）。从它那机械的进程之中显然可以表明，合目的性就是通过人类的不和乃至违反人类的意志而使和谐一致得以呈现的[②]；因此之故，正有如作为我们还不认识它那作用法则的原因的强制性而言，我们就称之为命运；然而考虑到它在世界进程之中的合目的性，则作为一种更高级的、以人类客观的终极目的为方向并且预先就决定了这一世界进程的原因的深沉智慧而言，我们就称之为天意[③]。它本来确乎不是我们在大自然的艺术

① 语出罗马诗人卢克莱修（Titus Lucretius Carus，公元前 99？—前 55）《物性论》V，第 234 页。——译注

② 见《世界公民观点之下的普遍历史观念》命题四。——译注

③ 在大自然的机制中——人类（作为感觉存在）也属于其中——表现出有一种为它那存在所赖以为基础的形式，这种形式我们不可能以别的方式加以理解，除非是我们把它归之于预先就决定了它的那位世界创造者有一个目的。这种前定我们就一般称之为（神明的）天意，而就其在世界一开始已被奠定而言，我们就称之为奠基的天意（providentia conditrix；semel iussit，semper parent.〔天意是奠基者；它一声号令，大家就永远服从。按这句话并不见于奥古斯丁的著作。——译注〕奥古斯丁）。但是按照合目的性的普遍法则而把它保持在大自然的进程里，我们就称之为统御的天意（providentia gubernatrix）；再进一步为人类所不能预见而只能根据其后果加以推测的特殊目的，我们就称之为指导的天意（providentia diretrix）；最后，就个别事件作为神明的目的而论，我们就不再称之为天意而是称之为命定（directio extraordinaria）。但是（既然事实上命定指的是奇迹，尽管并不这样称呼这种事件），所以要想能认识它是这样，那就

加工厂里所能够与必须认识到的，或者仅仅是从其中推论出来的，而是（就像一般地在事物的形式对于目的的全部关系中那样）我们只能并且必须这样加以思想，以便根据与人类的艺术处理相类比而对它的可能性得出一个概念来。但是它对理性直接为我们规定

是人们愚蠢的自负了；因为要从一柱个别的事件里推论出起作用的原因的一种特殊原则来（即这一事件就是目的，而不仅仅是另一个为我们所完全不知道的目的的自然机械的附带结果），那是荒唐的而且完全是自欺欺人，无论在那上面话说得可能多么虔敬而谦逊。——即使按天意如何涉及世界上的对象（materialiter〔从实质上〕加以考虑）而把天意划分为普遍的与特殊的，那也是虚假的和自相矛盾的。（例如说，它的确是关心保存被创造物的物种的，但把个体则留给偶然。）正因为它在目标上被称为是普遍的，于是就没有任何一桩事物可以设想为被排除在它之外。或许是人们在这里有意（formaliter〔从形式上〕加以考虑）要按照实现其目标的方式而划分天意的：也就是划分为普通的天意（例如，自然界按照季节的变化而每年都有死亡和再生）和特殊的天意（例如，树木被海流送到了北冰洋沿岸，在这里树木无法生长，而这里的居民没有树木却不能生活）。尽管我们在这里照样可以很好地阐明这种现象的物理-机械的原因，（例如，由于温带地区生长着树木的河流沿岸有的树倒在河里，并且大约就被湾流带到远方去；）我们却仍然一定不可忽视表明了有一种智慧在驾驭着自然界的这一目的论的原因。

至于在学院里所引用的那种概念，即有一种神明的干预或者参与（concursus）对于感觉世界起了作用，那么就是这种概念也必须废除。因为要想对不同种类的东西进行配合（gryphes iungere equis〔秃鹰与雌马配合〕，语出魏吉尔《田园诗》VIII，第27页。——译者），要使其本身就是世界变化的完备原因的神明来补充在世界过程之中他自己那种前定着一切的天意（因此它就必须是有缺陷的），例如这样说：随着上帝之后，医生作为他那里的助手就治好了病人；这首先就是自相矛盾的。因为 causa solitaria non iuvat〔孤立的原因是无济于事的〕。上帝是医生及其全部药品的创造者，所以如果我们想攀登那最高的、在理论上是我们不能思议的原始原因的话，那就必须把作用全部都归之于他。或者我们也可以把作用全部归之于医生，只要我们探讨的这一事件在世界原因的联索中根据自然的秩序是可以解释的。

其次，这样一种思想方式也就剥夺了对作用可以进行判断的全部确切原则。然而在道德-实践的观点上（因此那就是完全指向超感世界的），神明的 concursus〔参与〕这一概念却是完全适宜的并且甚而是必要的。例如在我们的信仰中，只要我们的心意是真诚的，上帝就会以我们不能思议的办法来弥补我们自身正义性的缺欠，所以我们决不可放松努力为善。可是，任何人都不应该试图由此出发来解释善行（作为世界上的事件），这一点却是自明的；因为那乃是对于超感世界的一种徒劳无功的理论认识，因而是荒谬的。

的目的所表现的(道德上的)关系与一致,则是一种在理论的观点上虽然过分,但在实践的观点上(例如在对永久和平的义务概念上,就要利用大自然这种机制去实现它)却是独断的观念,并且在它的现实性上也是很有根据的。——使用大自然这个字样,当其像在这里这样仅只涉及理论(而不是宗教)时,对于人类理性的限度而言(因为在作用对于其原因的关系上,人类理性必须保持在可能经验的范围之内)就要比使用一种我们可以认识天意的说法更为适宜而且更加谦逊;一用天意我们就狂妄地安上了伊卡鲁斯[①]的飞翼,可以走近它那无从窥测的目标的秘密了。

在进一步明确这一担保之前,我们有必要首先探索一下大自然为它那广阔的舞台上所要处理的人物而安排的境况,这种境况终于使和平的保障成为必要;——然后首要的便是探索大自然是如何提供这一担保的。

它那准备性的安排就在于它已经:

1. 在大地上的每一个地方都照顾到人类得以在那上面生活;

2. 通过战争把他们驱逐到各个方向,甚至于是最不堪居住的地方,使他们得以居住;

3. 通过这同一个办法迫使他们进入或多或少的法律关系。

在北冰洋寒冷的旷野上仍然生长着藓苔,驯鹿把它们从雪底下刨出来,于是就使得自己成了奥斯特雅克人或萨摩雅德人[②]的

---

① 伊卡鲁斯(Icarus)为希腊神话中巧匠狄达鲁斯(Daedalus)之子,父子二人制成飞翼逃出克里特迷宫;但伊卡鲁斯飞行过高,黏结飞翼的蜂蜡被太阳热所融化,坠海而死。——译注

② 奥斯特雅克人(Ostjaken)为西伯利亚西部的土著居民;萨摩雅德人(Samojeden)为西伯利亚北部的土著居民。——译注

食物或为他们挽撬；或者是盐碱的沙漠旷野还会有骆驼，它们仿佛被创造出来就是要在这里漫游的，好使自己不至于无用；这些已经够令人惊异的了。但是当我们发现北冰洋沿岸是怎样地除了这类毛兽之外还有海豹、海象和鲸鱼，它们的肉可供这里的居民食用、它的油脂可供燃烧；那么这一目的就显得越发明白了。可是大自然的关怀最能激起人们惊奇的，则是它把漂浮的木材（人们不大清楚那是从哪里来的）带到这片荒凉不毛的地方上来，没有这种材料他们就无法修造他们的船只和武器或者他们居住的小屋子；然后他们在这里要向动物进行足够多的战争，才可以使他们中间有和平的生活。——然而把他们赶到这里来的，大概并不是什么别的而只是战争。

人类居住在大地上的期间所学会驯服和驯养的一切动物中，第一种战争工具就是马（因为象属于更晚的时期，亦即国家已经建成之后的奢侈时期）；正如种植某些我们现在已经不再知道其原始特性的叫作谷类的草类的艺术以及通过移植和接种而繁殖和改良果类培育（在欧洲也许仅有两个品种，即野生苹果和野生梨）只能起源于国家已经建成之后土地所有权得到了保障的状态之中一样，——亦即在此前处于无法律的自由之中的人类已经从猎人①、

① 在一切生活方式中，毫无疑问猎人生活乃是最违反文明体制的了；因为各个家庭必定会离群索居而很快地就彼此陌生，并且在范围广阔的森林里分散开来之后很快地就会成为仇敌的，既然他们每一家都需要有很多空间来取得食物和衣着。——摩西第1卷，第9章，第4—6节（按“摩西第一书”即《创世记》。《旧约·创世记》第9章第4—6节：“唯独肉带着血，那就是他的生命，你们不可吃。流你们血害你们命的……我必讨他的罪。……凡流人血的，他的血也必被人所流。”——译注）有关诺亚的流血禁令似乎原来并不是什么别的，只不过是禁止过猎人的生活而已。它们常常被人复述，后来竟被犹太基督徒规定为新接受异教徒皈依基督教的条件，尽管是在另一种意义上，

渔夫和牧人的生活跻入农夫的生活之后；这时候已经发现了盐和铁，这或许是各个民族贸易往来所广泛寻求的最早的物品；他们就由此而起先是被带进一种彼此之间的和平关系，再则甚至于是和远方的人们之间也有互相的了解、交往与和平的关系。

当大自然照顾到人类在大地之上到处都能够生活时，它也就同时专横地要求人类必须到处生活，哪怕是违反他们的意愿，并且甚至于并没有同时假定这种“必须”是一种义务概念，使他们由于道德律而与之联系在一起；——而是为了达到它的这一目的，它就选择了战争。

于是我们就看到有许多民族，从他们语言上的统一性就可以辨认出他们血缘上的统一性。例如，在北冰洋的这一边有萨摩雅德人，而相距两百德哩[①]之外在阿尔泰山的另一边又有一个民族操着类似的语言，在其间横亘着另一个骑马的、因之是好战的民族，即蒙古人，把他们种族的这一部分和在最无法居住的冰雪地带的那一部分远远地驱开，他们本来绝不会是出于自己的意愿而散布到那里去的[②]。同样还有欧洲最北部地带被称为拉普人的芬兰

见《使徒行传》第 15 章第 20 节，第 21 章第 25 节。（《新约·使徒行传》第 15 章第 20 节“吩咐他们禁戒……勒死的牲畜和血”。同书，第 21 章第 25 节：“叫他们谨忌那祭偶像之物和血并勒死的牲畜。”——译注）因为猎人生活必定会经常出现吃生肉的情况，所以禁止后者也就同时禁止了前者。

① “两百(古)德哩”相当 1,484 公里。——译注

② 人们可能问道：假如大自然是在要求这些北冰洋沿岸不应该保持无人居住，那么若是有朝一日（正如可以预料到的那样）她不再把漂浮的木材带给这里的居民的话，他们又会成为什么样子呢？因为我们可以相信，随着文化的进步，温带地方的居住者对于他们河岸上生长的木材能更好地加以利用，而不会让他们落在河里并被冲到大海中去的。我要回答说：鄂毕河、叶尼塞河、勒拿河等地的居民会通过贸易而供应他们木材并以之交换北冰洋沿岸海中极为丰富的兽类产品的，只要她（大自然）首先已把和平强加在他们中间。

人,他们由于歌德人和萨马提亚人[①]入侵其间而和现在已经距离得那么遥远、但在语言上却与他们同出一源的匈牙利人隔离开来。并且除了战争这一大自然用之于使大地上到处都能有人居住的工具而外,还有什么别的能把爱斯基摩人(这个与所有的美洲人全然不同的种族,或许是太古欧洲的冒险者吧)赶到美洲北部,把佩沙拉人[②]赶到美洲南部直到火地岛上去呢?然而战争本身却并不需要任何特殊的动力,而是好像就充塞在人性之中并且甚而被当作是某种高贵的东西,人类受了荣誉心的激发,没有自私自利的动机就会去作战;从而战斗勇气(在美洲野人那里以及在骑士时代的欧洲人那里)就被断定为具有直接的伟大价值,不仅仅是当战争已经发生时(很合时宜地那样),而且还为了要有战争发生。于是往往仅只为了表现战斗的勇气就引起了战争,因而战争本身也就被赋予一种内在的价值,甚至于就连哲学家也赞颂它是人道的某种高贵化,竟忘怀了希腊人的那条格言:“战争之为害,就在于它制造的坏人比它所消除的坏人更多。”——关于大自然为了她自身的目的而对一个动物品种所做的事,已经谈得够多了。

现在就来谈有关永久和平观点的最根本的问题:关于人类自己的理性使之成为自己的义务的那个目的,因而也就是在鼓励他们的道德观点上,大自然都做了些什么?它如何保证人类通过大自然的强制确实将会做到他们根据自由法则所应该做到但没有做到的事情,而又不伤害这种自由?并且还得是根据公共权利的全

① 古罗马帝国东北境外的两种蛮族。——译注

② 佩沙拉人(Pescheräs)为美洲印第安人的一种。——译注

部这三种关系，即国家权利、国际权利和世界公民权利。——当我谈到大自然时说：她要求成就这样或那样的事；这并不等于说：她强加给我们以一种义务要做到这一点（因为只有不受强制的实践理性才能做到这一点），而是说无论我们愿意与否，她本身都会做到这一点（ fata volentem ducunt， nolentem trahunt［命运引导着愿者，驱遣着不愿者］[①]）。

1. 即使一个民族不是由于内部的不和而不得不使自己屈服于公开法律的强制之下，战争也会从外部做到这一点的；因为根据上面提到的大自然的安排，每一个民族都发现自己与另一个紧逼着自己的民族为邻，对此它就必须从内部使自己形成一个国家，以便作为一个强权能武装起来进行对抗。可是唯有共和的体制才是完美地符合人类权利的唯一体制，但也是极其难于创立而又更加难于维持的体制，乃至许多人都认为它必须得是一个天使的国家，因为人类以其自私的倾向是不能够有那么崇高的形式的体制的[②]。可是现在大自然就来支持这种受人敬爱的但在实践上又是软弱无力的、建立在理性基础之上的公意[③]了，而且还恰好是通过这种自私的倾向。于是它就只不过是一个国家怎样组织良好的问题（这一点确实是在人类能力的范围之内的），可以使他们每一种力量都彼此是那样地互相针对，以至于其中的一种足以防止另一种的毁

① 语出罗马哲学家赛涅卡（Lucius Annaeus Seneca，公元前 4？—公元 65）《道德书信集》，XVIII，4。——译注

② 按此处称引见卢梭《社会契约论》第 3 卷第 4 章。——译注

③ “公意”原文为 allgemeine Wille（公共意志、普遍意志或总意志），即卢梭的 volonté générale；可参看卢梭《社会契约论》第 2 卷第 3 章。——译注

灭性的作用或者是抵消它们。于是对于理性来说，所得的结果就好像是双方根本就不存在似的；而一个人即使不是一个道德良好的人，也会被强制而成为一个良好的公民的。

建立国家这个问题不管听起来是多么艰难，即使是一个魔鬼的民族也能解决的（只要他们有此理智）；那就是这样说："一群有理性的生物为了保存自己而在一起要求普遍的法律，但是他们每一个人又秘密地倾向于把自己除外；他们应该是这样地安排并建立他们的体制，以至于尽管他们自己私下的心愿是彼此极力相反的，却又如此之彼此互相防止了这一点，从而在他们的公开行为中其结果又恰好正像他们并没有任何这类恶劣的心愿是一样的。"

这样一个问题是必定可以解决的。因为它并不在于人类道德的改善，而只在于要求懂得那种大自然的机制我们怎样才能用之于人类，以便这样地指导一个民族中间的那些心愿不和的冲突，使他们自身必须相互都屈服于强制性的法律之下并且必须导致使法律能在其中具有力量的和平状态。我们从实际上现有的但组织得很不完美的国家中也可以看出这一点，即它们在对外关系上已经非常之接近于权利观念所规定的了，尽管那原因确实并不是内在的道德。（因为正如良好的国家体制并不能期待于道德，倒是相反地一个民族良好道德的形成首先就要期待于良好的国家体制。）因而大自然的机制就通过彼此在外部自然而然是互相对抗着的自私倾向而可以被理性用来作为为它自身的目的，即权利的规定，扫清道路的工具；从而在国家本身力所能及的范围内也就促进并保障了内部的以及外部的和平。

所以这也就是说：大自然在不可抗拒地要求着权利终将保持其

至高无上的权力。我们目前所未能经心做到的事，终将由于其自身而实现，虽则会带有许多的不便。——“我们太强烈地弯曲一根苇草，它就会折断；谁要求得太多，就什么也要求不到。”布特维克。[①]

2. 国际权利的观念预先假定有许多互相独立的毗邻国家的分别存在，尽管这样一种状态其本身已经就是一种战争状态了（假如没有一种各个国家的联合体来预防敌对行动爆发的话）；可是从理性观念看来，就是这样也要胜于各个国家在另一个凌驾于一切之上的并且朝着大一统的君主制过渡的权力之下合并为一体，因为法律总是随着政权范围的扩大而越发丧失它的分量的，而一个没有灵魂的专制政体在它根除了善的萌芽之后，终于也就会沦于无政府状态。然而每一个国家（或者说它的领袖）却都在这样向往着要以这一方式而进入持久和平的状态，可能的话还要统治全世界。但是大自然则要求它是另一样。——大自然采用了两种手段使得各个民族隔离开来不至于混合，即语言的不同与宗教的不同[②]；它们确实导致了互相敌视的倾向和战争的借口，但是随着文化的增长和人类逐步接近于更大的原则一致性，却也会引向一种对和平的谅解，它不像那种专制主义（在自由的坟场上）那样是通过削弱

① 可能是指康德的学生、哥廷根大学哲学教授腓烈德里克·布特维克（Friedrich Bouterwek，1776—1828）。——译注

② 宗教的不同：这真是一种奇怪的提法，正如人们谈论着各种不同的道德一样。确实是可以有历史上各种不同的信仰方式，但不是在宗教上，而是在用以促进宗教的历史上，是属于学术研究方法的领域的。同样地，虽然有着各种不同的宗教典籍（曾达维斯塔经、吠陀经、可兰经〔曾达维斯塔（Zendavesta）经为古波斯拜火教经典，吠陀经为古印度教经典，可兰经为伊斯兰教经典。——译注〕等等），但却只有一种对一切人在一切时代里都有效的唯一的宗教。所以这些就不可能包括什么别的，而只不过是宗教的手段而已，它们是偶然的并且可以随时间与地点的不同而转移。

所有的力量，而是通过它们在最生气蓬勃的竞争的平衡之中产生出来并且得到保障的。

3. 正如大自然很聪明地分隔开了各个民族，而每一个国家的意志却是哪怕根据国际权利也会高兴通过阴谋或者暴力而把它们都统一于自己之下的；另一方面则同样地世界公民权利的概念在抗拒暴力行为和战争方面所无从加以保障的各个民族，大自然也就通过相互的自利而把它们结合在一起。那就是与战争无法共处的商业精神，并且它迟早会支配每一个民族的。因为在从属于国家权力的一切势力（手段）之中，很可能金钱势力才是最可靠的势力；于是各个国家就看到（确乎并不是正好通过道德的动机）自己被迫不得不去促进荣誉的和平，并且当世界受到战争爆发的威胁时要通过调解来防止战争，就仿佛它们是为此而处于永恒的同盟之中那样；因为按照事物的本性来说，能够出现进行战争的伟大同盟是极其罕见的事，而能够成功的就更加罕见了。

大自然便以这种方式通过人类倾向的机制本身而保证了永久和平；确乎并不是以一种（在理论上）很充分的确切性在预告它们的未来，但在实践的观点上却已足够了，而且还使得我们为这一（并不纯属虚幻的）目的的努力成为了一种义务。

第二条系论

对永久和平的秘密条款

在公共权利的谈判中而有一项秘密条款，这在客观上，也就是说从其内容来考虑，乃是一种矛盾；然而在主观上，从裁决它的当事人的身份来判断，则其中却很可以有一项秘密，而公开宣布自己是秘密条款的作者就会使自己的尊严感到为难了。

唯一一项属于这类的条款就包括在这一命题中:“哲学家有关公共和平可能性的条件的那些准则,应该被准备进行战争的国家引为忠告。”

一个国家的立法权威,人们自然而然地必定要赋之以最大的智慧,但在有关自己对别的国家的行为的原则上却要听取臣民(哲学家)的教诫;这对他们仿佛是藐视似的。然而这样做却是十分可取的。因此国家就要不声不响地(因此同时就保持秘密地)请求哲学家来进行这个工作,这就等于说:国家要允许他们自由地和公开地谈论进行战争和调解和平的普遍准则。(因为这件事是他们自身就会做到的,只要人们不加以禁止。)国家彼此之间有关这一点的协议,也并不需要国家之间在这方面有任何特殊的议定书;而是它早就通过普遍的(道德-立法的)人类理性而被奠定在人类的义务之中了。

但这里的意思并不是说:国家必须给予哲学家的原则以优先于法学家(国家权力的代表人)的裁决的地位;而只是说人们应该倾听他们。成为法学家的标志的乃是权利的天秤而且紧跟着也还有正义的宝剑[①];他们常常要使用后者不仅是为了防止对于前者的一切外来影响,而且还要在天秤的一端不肯下沉的时候就把宝剑投到那上去(vae victis[战败者有祸了!])。法学家并非同时(按道德来说)也是哲学家,他们在这方面受到极大的诱惑,因为他们的职务就是要运用现成的法律,而不是要研究它本身是否需要改

① “正义的宝剑”指执行法律的权力。——译注

良；并且他们还把自己这种实际上是低级的系科，由于它（正如在其他两个系科[①]的情形一样）伴有权力的缘故而当作是高级的。——哲学系在这种结盟势力的面前只占有一个很低下的级别。例如，据说哲学就是神学的侍女（而且对于其他两种也是这样说的。）——但是人们并没有正确地看出：“她究竟是在她的高贵的女主人的前面擎着火炬呢，还是在后面曳着长裙呢？”

不能期待着国王哲学化或者是哲学家成为国王，而且也不能这样希望，因为掌握权力就不可避免地会败坏理性的自由判断。但是无论国王们还是（按照平等法律在统治他们自身的）国王般的人民，都不应该使这类哲学家消失或者缄默，而是应该让他们公开讲话；这对于照亮他们双方的事业都是不可或缺的，而且因为这类哲学家按其本性不会进行阴谋诡计和结党营私，所以也就不会蒙有宣传家这一诽谤的嫌疑了。

附　录

I

从永久和平的观点论道德与政治之间的分歧

道德作为我们应该据以行动的无条件的命令法则的总体，其本身在客观意义上已经就是一种实践。在我们已经向这种义务概念承认其权威之后还

---

① 此处“其他两个系科”指神学系与医学系。十八世纪德国大学仍沿中世纪的传统分为四系，即神学、法学、医学、哲学。前三系为高级系，后一系为低级系；前三系为国家培养公职人员（牧师、律师、医师），后一系则是所谓“自由教育”。康德本人是反对这种系科划分的，并为此写了《系科之争》（1798 年）；可参看以下《重提这个问题：人类是在不断朝着改善前进吗？》一文。——译注

要说我们不能做到，那就是显然的荒谬。因为那样的话，这个概念就从道德里面自行勾销了(ultra posse nemo obligatur[超出能力之外，就没有人负有义务。])。因而作为应用的权利学说的政治，与作为只是在理论上的这样一种权利学说的道德就不可能有任何争论(因而实践和理论就不可能有任何争论)。因为那样，我们就必须把后者理解为一种普遍的智虑学说，亦即一套如何选择对既定的目标最为有利的权宜手段的准则的理论；这也就是根本否认有什么道德了。

政治说："你们要聪明如蛇"；道德(作为限制的条件)又补充说："还要老实如鸽"[①]。如果这两者不可能共处于一项诫命之中，那么政治和道德就确实是有争论的；但是如果这两者完全可以结合，那么这一对立的概念就是荒唐的，而如何解决这一争端的问题也就根本不能作为一个问题提出来。尽管诚实是最好的政策这个命题包含着一种理论，可惜是一种实践常常与之相矛盾的理论；可是同样的理论命题：诚实要比任何政策更好，则是无限地高出于一切反驳之上，而且确实是一切政策必不可少的条件。

道德的守护神并不向朱庇特(权力的守护神)让步，因为后者也要服从命运。这就是说，理性并没有得到充分启明，能观察到整个一系列前定的原因，可以预先就宣告，根据大自然的机制从人类的所作所为会得出什么样幸运的或不幸的后果来，(尽管是希望它如愿以偿。)但是我们为了(按照智慧的规律)保持在义务的轨道上所必须做的事，理性却已经为此处处都充分清楚地给我们照亮了通向终极目的的道路。

但是实践家(道德对于他只是纯理论)却把他之无情地剥夺掉我们善意的希望(即使是承认了应该和可能)恰好是放在这一基础之上：他自命从人性出发可以预见到，人是绝不会愿意实现那种为了导致永久和平的目的所需要的东西的。——的确，每一个个别的人要求在一个法律体制之下按照自由的原则(即每个人的意志之个别的统一性)而生活的意愿，对于这个目的还是不够的，而是为此还需要所有的人一起都愿意这种状态(即联合意志的集体的统一性)，都要求解决这个艰巨的任务；由此就有了公民社会的整体。可是既然在所有的个体意愿的不同之上还必须再加上一个他们那联合的原因，以便

① 《新约·马太福音》第 10 章第 16 节："你们要灵巧像蛇，驯良像鸽子。"——译注

从中得出一个共同的意志来，而这一点又是所有的人之中没有任何一个人可以做得到的；所以（在实践中）实现这一观念时就不能指望权利状态有任何别的开端，除非是通过强力而告开始，随后公共权利就建立在它那强制的基础之上。所以它就——既然我们在这方面本来就不大能把立法者的心意估计为，他在使一群野人结合成一个民族之后，会留待他们通过自己共同的意志去实现一种权利体制，——确实是事先早已使我们预期到这种（理论的）观念在实际经验中会有巨大的偏差。

从而这就是说：凡是一旦掌握了权力的人，谁也不肯让人民去替他制定法律的。一个国家一旦处于不受制于任何外来法律的地位，就不会在自己应该怎样反对别的国家而追求自己的权力的方式上，使自己依赖于别的国家的裁判。甚至于一个大陆，当它感到自己凌驾于别的大陆之上的时候，哪怕别的大陆并没有妨碍它，也不会不去利用那种由于掠夺它们或者是干脆统治它们而加强自己力量的手段的。于是关于国家的、国际的以及世界公民的权利的理论的全部规划，这时就都化为空洞的、乌有的理想；反之，唯有以人性的经验原则为基础的实践，而不认为从世界上实际发生的情况中为自己的准则汲取教训是件低贱的事，才能够希望为国家智虑的建筑找到一个牢靠的基础。

确实，如果并没有自由以及以自由为基础的道德法则的存在，而是一切发生的或可能发生的事情都仅仅只是大自然的机械作用；那么政治（作为利用这种作用来治理人的艺术）就完全是实践的智慧，而权利概念就是一种空洞的想法了。但是假如还发现绝对有必要把权利概念和政治结合起来，甚至于还得把它提高为政治的限定条件；那么就必须承认这二者的可结合性。我虽然很能想象一位道德的政治家，也就是说一个这样地采用国家智虑的原则使之能够与道德共同存在的人；但却不能想象一位政治的道德家，即一个这样地为自己铸造一种道德从而使之有利于政治家的好处的人。

道德政治家应该以如下这一点作为自己的原则：当一旦发现国家体制或国与国的关系有人们所无法预防的缺陷时，那就有义务，尤其是对国家领袖说来，要考虑怎样才能尽可能迅速地加以改善，并使之符合于理性观念所呈现于我们眼前作为典范的那种自然权利，哪怕这样会付出牺牲自我利益的代价。可是既然国家的或世界公民的结合纽带在另一种更好的体制尚未准备好取代它的地位之前就告破裂，乃是完全违反与道德相一致的国家智虑的；

所以要求每一种缺陷都必须立即急遽地加以变更就是荒谬的了。然而至少这样一种改变的必要性的准则应该是放在当权者的心上，以便能始终不断地趋向于（根据权利法则的最好的体制）这一目的；这一点对于他甚至还是必需的。一个国家很可以对自己以共和制进行治理，即使它按照当前的宪法仍然具有专制的统治权，直到这个民族终将逐渐地有能力接受法律权威观念的影响（就仿佛是它具有物理的权力那样）并从而将发现足以能为自己立法（这本来就是以权利为基础的）为止。如果通过一场由坏的体制所造成的革命的激荡，以不合权利的方式竟形成了一种更合法的体制，那么这时候再要把这个民族重新带回到旧的体制里去，就必须被认为是不能容许的事了；尽管在这场革命中每一个以暴力或者阴谋参与进去的人，都要理所当然地受到对叛乱者的惩处。但是就国与国的外在关系而言，则不能要求一个国家放弃它的体制，哪怕是专制体制（而那对外部的敌人却是更强而有力的），只要它冒有马上被别的国家所吞并的危险；因而就必须允许它那计划的实施，推延到更好的时机①。

往往也会有这种情形：专制化的（在执行上犯了错误的）道德学家（由于过分急促所采取的或推荐的措施）以各式各样的方式违反了国家智虑，那么经验也必定会从他们对大自然的这种违反那里，把他们一步一步地带到更好的轨道上来。与此相反，道德化的政治家却在人性没有能力按照理性为他们所规定的观念而达到善的这一借口之下，掩盖着违反权利的国家原则，他们就只是尽量在使得改善成为不可能并使权利的破坏永世长存而已。

这些长于国家智虑的人并没有他们所夸耀的那种实践，反倒是和实践家走到了一起，由于他们（为了不至于放过自己的私人利益）一心只在考虑阿谀

① 这就是理性的许可法，它使一种受到不正义所侵犯的公共权利就固定在它那位置上，直至或者是由于它自身成熟到了对一切进行完全的变革，或者是通过和平的手段而实现了这种成熟为止。因为任何一种权利体制，尽管只是在微小的程度上合权利的，也要比一点都没有更好一些；这后一种命运（无政府）是过分急促的改革所要遇到的。——因此国家智慧就在于在事物当前所处的状态下，使符合于公共权利理想的改革成为一种义务。而且即使是大自然由于其本身而导致了革命，也不应该利用革命来掩饰更大的压迫，而是应该用来作为大自然对于通过根本的改革来实现以自由原则为基础的合法体制之作为唯一持久的体制的一种号召。

奉承当今的统治权力而付出了全民族以及可能的话是整个世界作为代价，于是也就像真正的法学家（是职业化的法学家，而不是**立法**的法学家）那样在政治上走过了头。因为他们的任务并不是去思索立法本身，而是去执行当前本国法典的命令；所以对于他们来说，每一种现行的法律体制以及当其被上级改动时那种随之而来的法律体制，就必定永远都是最好的；于是万事万物就都处于它自身所属的机械次序之中。然而这种随机应变的灵巧性也给他们灌注了一种幻觉，即他们能够根据权利概念（因而是先天的，并非经验的）来判断一般**国家体制**的原则；他们大肆宣扬自己认识了**人**（这确实是可以期待的。因为他们必须和很多的人打交道），其实却并不认识**人**以及人可以造就成为什么样子（这需要有更高一级的、进行人类学考察的立足点）。他们以这种概念去处理为理性所规定国家权利和国际权利的时候，也就不可能是别样而只能是以阴谋诡计的精神迈出这一步。他们在这里还是遵照着他们所习惯的老路（即一种专制地加以规定的强制性法律的机械作用），然而在这里唯有理性的概念才会懂得仅仅根据自由原则来奠定一种合法的强制，而首先正是通过这一点一种建立在权利之上的持久的国家体制才是可能的。但是这一任务，这位自命为实际家的人却相信能够越过那种观念，而仅凭迄今为止建立得最为持久但大部分却与权利相违反的国家体制的经验，就可以从经验上加以解决。

他在这上面所使用的准则，（尽管他不肯把它们公开），大致可以归结为如下几种诡辩式的准则。

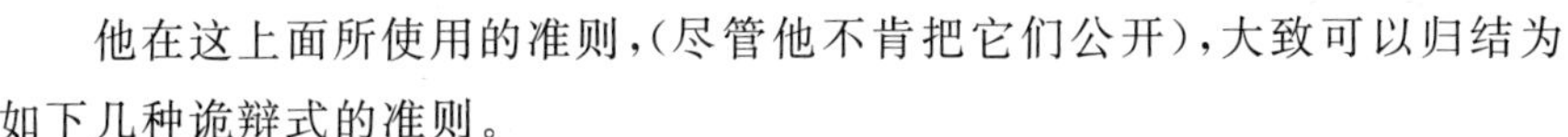

1. Fac et excusa[做了再说]。抓住有利的时机擅行窃据权利（或则是国家对其人民的权利，或则是对另一个毗邻国家的权利），**事后**再进行辩解并对暴力加以掩饰，（尤其是在前一种情形下，当国内的最高权力同时也就是人们必须听从而不容置疑的立法当局的时候）；这就比事先想好令人信服的理由并且还等待着别人对它们反驳，要更加轻易而又漂亮得多。这种果断性其本身就赋给这一行动的合权利性以一种充满内在信心的面貌，而 bonus eventus[结局成功]之神则是事后最好的权利代理人。

2. Si fecisti，nega[如果干了，就否认]。你自己犯下了罪行，例如把你的人民带入绝境从而引起暴乱，一定要否认那是**你的**过错，而要断言那是臣民顽抗的过错。或者是你征服了一个邻近的民族，就要断言那是人性的过错，即如果不用强力对别人占先，就确实得估计到别人先要用强力来对付自己并征服自己了。

3. Divide et impera［分而治之］。这就是：如果在你的人民中间某些有特权的领袖人物选出你来仅仅是作为他们的最高领袖（primus inter pares［平等中的首位］），就要挑拨他们彼此不和并使他们与人民分裂。要表示拥护人民享有更大的自由这一前景，于是一切就都会依赖于你那绝对无条件的意志了。或者如果是对外国的话，那么在他们中间挑起纠纷就确实是最可靠的办法，可以在支援弱国的幌子下一个一个地使他们相继屈服。

的确，现在没有人会再受这些政治准则的欺骗了，因为它们都已经是人所周知。可是对这种情形他们毫不羞愧，就好像是不正义在眼前暴露得太公开了似的。因为列强在普通群众判断的面前是从来不知羞愧的，他们只是一个在另一个的面前才会羞愧。而且就这些原则而论，也并不是把它们公开出来而是唯有它们的失败才能使他们感到羞愧（因为在这些原则的道德方面，他们大家全都是彼此一致同意的）；所以他们也就总还保留着政治荣誉感，这一点是可以料定的，而那就是不择手段地扩充自己的势力的政治荣誉感[①]。

① 即使有人（指卢梭《论科学与艺术》。——译注）怀疑一个国家之内生活在一起的人们的人性之中会有某种根深蒂固的劣根性，而对此还可以提出远远还不够进步的文化的缺点（野蛮性）来作为他们思想方式的显然违法现象的原因；然而那在国家相互之间的对外关系上也会完全无法掩饰地而又无可争辩地呈现到我们眼前来。在每一个国家之内它是被公民法律的强制所掩盖着的，因为公民相互之间暴力行动的倾向是被另一种更大的强力，即政权的强力，所强行压制的；所以这就不仅赋给全体以一种道德的形象（causae non causae［不成原因的原因］），而且还由于对违反法律的倾向的发作加上了一道横闩而确实促使道德秉赋格外轻而易举地发展成为对于权利的直接尊重。——因为每一个人这时候都自信他会把权利概念当作是神圣的并且真诚遵守，只要他能期待着别人也是同样，而政权机构则部分地向他保障了这后一点；由此便朝着道德迈出了一大步（尽管还不是道德的步骤），即依附于这种义务概念只是为了其自身的缘故而不是着眼于报偿。但是既然每个人由于自己对于自己所怀的良好的意见，也就假定了其余所有的人的恶意，所以他们彼此就互相宣布了他们的判断：他们大家就事实而论，都是没有价值的。（既然这一点不能责难于作为一种自由生物的人类的本性，那么它是从何而来的就可以存而不论。）可是既然对于人类自身所绝对不能摆脱的权利概念的尊重，极其庄严地批准了他们也会具有相应的能力这一理论；所以每个人就都看到他在自己这方面必须按照它来行事，而不管别人可能是怎样对待它。

*　　*　　*

所有这些不道德的把人类从自然状态的好战之中引向和平状态的智虑学说的曲折，至少是说明了这些：人类在他们的私下关系中也正如在他们的公共关系中是同样地不能回避权利概念的，也不能信赖仅凭智虑的手腕就可以公开地奠定政治；因而也就决不能废弃任何服从公共权利的概念（这一点在国际权利中特别突出），而是应使它得到全部应有的尊重；虽则他们又千方百计地托词借故要在实践上规避它，并把成为一切权利的根源与联索的权威推给狡猾的强权。

为了结束这种诡辩术，（即使不是结束被它所掩饰的不正义），并且使大地上权势者们的这些假代表供认他们所宣传的并不是有利于权利而是有利于强权，由于这一点他们才采取了仿佛他们自己就可以在这上面发号施令的那种语气；最好就是揭发他们用以自欺欺人的那种幻象，挖掘出来永久和平的目标所由以出发的那种最高的原则，并且指明：一切妨碍永久和平的坏事都是由于政治道德家是从道德政治家正当地已告结束的地方而开始的，并且当他这样以原则从属于目的的时候（这就是把马驾在车后面），也就毁坏了他自己要使政治与道德相调协的这一目标。

为了使实践哲学得以和它自身相一致，就有必要首先决定这个问题：在实践理性的任务中我们究竟应该以它的物质的原则，即（作为自由选择的对象的）目的，作为起点呢？还是应该以形式的原则，即（仅仅基于对外关系的自由）的原则作为起点呢？这后者就叫作："应该这样行事，从而可以使你的准则成为普遍的法则（不管它所要求的目的可能是什么）。"①

毫无疑问，这后一条原则必须领先，因为它作为权利原则具有着无条件的必要性，反之前一条却仅仅在事先给定的目的具备经验的条件，亦即它是可以实现的，这一前提之下才是必要的。假如这一目的（例如，永久和平）也是义务，那么它本身就必须是从对外行为准则的形式原则里面推导出来的。——现在第一条原则，即政治道德家的原则（国家的、国际的和世界公民的权利问题），是一个纯技术问题（problema technicum）；与此相反，第二条原

① 按关于这一命题，见康德《道德形而上学探本》（1785）第 2 节；又，《实践理性批判》（1788）第 1 部第 1 卷第 1 章第 7 节。——译注

则对于道德政治家则是一个道德问题(problema morale),它作为道德政治家的原则在处理导致永久和平的问题上便与前一条有天壤之别,这时候我们愿望着永久和平就不仅仅是作为一种物理上的善,而且还是作为由于承担义务而产生的一种状态。①

为了解决第一个问题,即国家智虑问题,就需要有很多自然知识才能利用它那机制来达到设想中的目的;然而这一切在关系到永久和平上,其结果都是无从确定的,无论我们在公共权利的这三部分之中采用的是这一种或那一种。究竟是靠严刑峻法还是靠虚荣引诱才能更好地保持人民长时期地听话而又兴旺,究竟是靠一个人的最高权力还是靠更多的领导人的联合,或者说仅仅是靠勋贵还是靠国内的人民权力;这些都是无从确定的。关于任何一种政权形式,我们在历史上都有相反的例证,(但真正的共和制除外,唯有这种制度才能投合一位道德政治家的心意。)——而更加无从确定的则是根据大臣们拟定的规划而号称建立起来了的国际权利;它实际上只是一种毫无内容的空话,并且它所依赖的契约在其签订的当时就已经包含了违反它们的秘密保留。

与此相反,第二个问题,即国家智慧问题的解决则可以说是其本身所强加给我们的,它对每个人都是雪亮的并且使得一切弄虚作假都成为可耻的事。它直截了当地把人引向目的;但是由于智虑上的考虑,它并不匆匆忙忙地强行把人拖到那里去,而是按环境有利的状况使人不间断地趋近于它。

这就是说:"首先应该追求纯粹实践理性的王国及其正义,于是你的目的(即永久和平的福祉)也就会自行来临。"因为道德本身具有这样一种特性,而尤以在有关它那公共权利的原则(因而是关系到一种可以先天认识的政治)方面为然,即它越是使行为不依赖于预定的目的,即我们意图中的无论是物理的或是道德的利益,它就越会与后者普遍地符合一致。而其所以如此,就正因为唯一决定人类权利是什么的,乃是先天给定的(在一个民族之中的或者是在不同民族相互之间的关系上的)公意。然而只要彻底加以实行,那么所有的人的这一结合就会根据大自然的机械作用而同时可以成为实现预定目的的作用的以及造成权利概念效果的原因。——于是,例如,这就是一条

① 按关于这一论点,可参看康德《道德形而上学探本》第 2 节。——译注

道德政治的原则了:一个民族应该根据自由和平等这一唯一的权利概念而结合成一个国家,并且这一原则并不是以智虑而是以义务为基础的。关于人群进入社会的自然机制,政治道德家尽可以提出那么多的反对的辩难来削弱这种原则和破坏它们的目标,或者还力图以古代和近代的体制组织不良的事例(例如民主政体而没有代议制)来证明他们的反对主张;但是他们却不值得听信。尤其是这样一种腐朽的理论,它本身就很可以造成它所预言的那种天祸;这种理论把人类和其他有生命的机体都划归一类,他们只消具备自己并不是自由的生命这种意识,就足以使他们在自己的判断里成为世界上一切生命中最悲惨的生命了。

有一条已经成为谚语的、听来有点夸大但却很真实的命题是:fiat iustitia, pereat mundus[哪怕世界消灭,也要让正义实现。];这句话在德文里就是:"让正义统治吧,哪怕世界上的恶棍全都倒台。"这是一条健全的权利原理,可以扫除一切由诡诈或暴力所描绘的曲折的道路;只是这却不可被误解,被理解为多少是允许人极其严厉地去运用自己的权利(这会与伦理的义务相冲突的),而是应该理解为当权者有责任不可出于对任何人的厌恶或怜悯而拒绝或者削减他的权利。为此,首先就需要一个国家有一种根据纯粹权利原则而建立的内部体制,然后还需要有这个国家和其他各个远近邻国联合起来(类似于一个普遍国家[①]那样)合法地调解他们的争端的体制。——这一命题所要说的无非就是:政治准则决不能从每一个国家只要加以遵守就可以期待到的那种福利或幸福出发,因此也就决不能从每一个国家以之为自己的对象的那种目的出发,即从作为国家智慧的最高的(但又是经验的)原则(的意志)出发;而是应该从权利义务的纯粹概念出发(从它的原则乃是由纯粹理性所先天给定的"当然"而出发),无论由此而来的后果可能是什么样子。世界是决不会由于恶人减少了就没落的。道德的恶有着一种与它的本性分不开的特点,那就是它在它的目标上(尤其是在对其他同样意图的人的关系上)是自己违反自己并且要毁灭自己的;于是这也就为(道德的)善的原则准备了道路,尽管还要经历漫长的进步。

* * *

① "普遍国家"指世界国家。——译注

所以在客观上(在理论上),道德与政治之间根本就没有任何争论。反之,在主观上(在人类自私的倾向上,但它绝不能称为实践,因为它并不建立在理性准则的基础上),则它却可能并且还会始终存在着,因为它充当了砥砺道德的磨石。而道德的真正勇气(根据这条原则:tu ne cede malis ,sed contra audentior ito[你不可向恶让步,而是要格外勇敢地去反抗它。][1])在当前的情况下倒不在于以坚定的决心去面迎为此所必须承受的灾祸和牺牲,反而在于要看清楚我们自身之中远为危险的、狡诈的和欺骗而又诡辩的、炫弄人性的弱点在为一切违法侵犯权利的罪行进行辩护的那种恶的原则,并且要战胜它那阴谋。

事实上,政治道德家可以说:执政者与人民或民族与民族当他们以武力或阴谋互相作战时,并没有相互犯下不义,尽管他们由于拒绝尊重那种唯有它才能奠定和平于永久的权利观念也就一般地犯下了不义。因为他们这一个对另一个践踏了自己的义务,另一个也就正好同样在有意对这一个违反权利;于是当他们彼此互相毁灭的时候,所发生的事情就对双方都是完全正当的。但是这些种族却总会保留下来足够的数量,以便使这种角逐直到最遥远的时候都不致中断,从而后世有朝一日总可以把他们当作一个借鉴。天意在世界的行程之中就由此而被证明了是正当的,因为人类的道德原则是永远不会泯灭的,它会由于文化的不断进步而按照那种踏实的理性原则不断地在实用中增进它对权利观念的实现,可是随着它同时也还有侵犯权利的罪行。如果我们认为人类永远不会而且不可能得到改善,那么造化本身,亦即居然有这样一种腐化了的生命会存在于大地之上,看来就不能被任何辩神论证明是正当的了。然而这种判断的立足点对于我们来说未免高不可攀,除非是我们能在理论观点上把我们(关于智慧)的概念归之于至高无上的、为我们所不可窥探的力量。

我们会不可避免地被驱向这种绝望的结果的,假如我们不认为纯粹的权利原则具有着客观的现实性,也就是说它们本身是可以实现的,并且一个国家之内的人民以及更进一步还有各个国家相互之间都必须依照它来行事的话,不管经验的政治家可能对此提出什么样的抗议。因此真正的政治不先向

① 语出魏吉尔《伊奈德》Ⅵ,第 95 页。——译注

道德宣誓效忠，就会寸步难行。尽管政治本身是一种艰难的艺术，然而它与道德的结合却根本不是什么艺术，因为只要双方互相冲突的时候，道德就会剪开政治所解不开的死结。

人的权利是不可亵渎的，无论它可能使统治权付出多么大的牺牲。我们在这上面不能半途而废并设计出一种(介乎权利与功用之间的)实用的-有条件的权利的中间品，而是一切政治都必须在权利的面前屈膝；只有这样才能希望达到，虽则是长路漫漫地，它在坚定不移地闪耀着光辉的那个阶段。

II

根据公共权利的先验概念论政治与道德的一致性

如果我也像法学教师们所构想的那样，从公共权利的全部质料之中(就国家之内人与人的或者还有各个国家相互之间各种不同的由经验所给定的关系)进行抽象，那么我就只剩下公共性这一形式；这种可能性是每一项权利要求中都包含着的，因为没有它就不会有正义(正义是只能被想象为可以公开宣告的)，因而也就不会有权利，权利仅仅是由正义所授予的。

这种公共性的资格是每一种权利要求必需具备的。既然它本身在当前的情况下是否出现，也就是说它是否可以和行为者的原则相结合，是很容易加以判断的；所以它也就很容易给出一条应用简便的、可以在理性中先天找到的标准来。而在后一种情况下①，则设想中的要求(praetensio iuris[法律的借口])的虚假性(违反权利性)马上就可以像通过纯粹理性的一次实验那样地被识别出来。

从国家的与国际的权利中所包括的全部经验的东西(诸如人性的恶使得强制成为必要)进行了这样一场抽象之后，我们就可以把如下的命题称为公共权利的先验公式：

“凡是关系到别人权利的行为而其准则与公共性不能一致的，都是不正义的。”

这一原则应该看作不仅是伦理的(属于道德学说的)而且也是法理的(涉及人类权利的)。因为一条一经胆敢泄露就会因之而破坏我自己的目标的准

① “在后一种情况下”指公共性没有和行为者的原则相结合的情况下。——译注

则，如果它要能够成功，就必须彻底加以隐瞒，而且我又不能公开承认它而不因之不可避免地会激起大家都来反对我的企图；那么大家这种必然而普遍的、因而是先天就可以洞见到的对我的反抗，除了是由于它借以威胁每一个人的那种不正义而外，就不会是由于什么别的了。——此外，这一原则还仅仅是消极的，也就是说它只是用来借以识别什么东西对别人是不正义的。——它就好像公理一样有着不可证明的确切性，并且又是很容易应用的，正如从以下有关公共权利的事例中就可以看出。

1. 关于国家权利（ius civitatis［国家法或民法］）或国内权利。这里出现一个问题是很多人认为难以回答的，但却极其容易被公共性这一先验原则加以解决："对于一个挣脱所谓暴君（non titulo, sed exercitio talis［不是在头衔上，而是实际行动如此］）的暴力压迫的民族，反叛是不是一种合权利的手段？"人民的权利受到了损害，而他（暴君）被推翻也没有任何不正义；这一点是毫无疑问的。可是臣民方面要以这种方式来追求自己的权利，则没有什么是在最高的程度上比这还更加不义的了。并且如果他们在这场斗争中失败而且随后必定因此遭受最严厉的惩处，他们也就同样地[①]不能尤怨不正义。

这个问题如果我们想从对权利基础加以教条式地演绎而得出来，那么赞成的和反对的就可能会有许多辩难；唯有公共权利的公共性这一先验原则才能免除这类纠缠。按照这一原则，一个民族在建立公民契约[②]之前就应该自问，是否它自己敢于公开承认企图在适当时机造反举事这条准则。我们很容易看出，如果我们要把在某种未来的场合下使用暴力反对领袖这一条作为创立国家体制的条件，那么人民就必须自命有高于领袖之上的合权利的权力。于是领袖就不成其为领袖了。或者，假如使双方都成为建立国家的条件，那么也就根本没有可能有任何的国家了，然而国家却是人民的目标。因此反叛的不义就由于如下这一点可以了然，即这条准则本身正由于人们公开加以拥护而使得它自己的目标成为不可能。因此人们就有必要隐瞒它。

但是这后一点在国家领袖这方面却不是必要的。他可以自由地宣布他

① "同样地"意谓和如果他们在这场斗争中胜利，暴君就不能尤怨不正义是同样的。——译注

② 可参看卢梭《社会契约论》第1卷第6章。——译注

要惩罚任何反叛，处死渠魁，尽管反叛者们也可以总是相信他才是首先在他那方面践踏了根本法的；因为当他意识到自己拥有不可抗拒的最高权力时，(这一点在每种公民体制中都是必须假定的，因为一个人不具备充分的权力可以保护人民中的每一个以防范另一个，便没有权利向他们发号施令，)那么他就无需担心由于宣告了他的准则而破坏他自己的目标。与此紧密相联系的则是，如果人民的反叛获得成功，领袖就又回到臣民的地位上来，他也同样地不得发动任何复辟的反叛，也无需害怕要为他已往的国事领导进行作证①。

2. 关于国际权利。——唯有在某种权利状态(也就是权利的外部条件，在这种条件下人类才能真正分享到一种权利)的前提之下，才能谈得到国际权利。因为作为一种公共权利，它在自己的概念里就已经包括了公开宣布有一种在给每个人规定权利的公意；并且这种 status iuridicus[法理状态]必定是出自某种不可能建立在强制法的基础之上的契约(就像是一个国家所由之而产生的契约一样)，至多也就只能是一种持续的-自由的结合而已，有如前面所提到的各个国家的联盟那样。因为没有某种把不同的(物理上或道德上的)个人积极联系起来的权利状态，因而就是在自然状况之中，也就不可能有别的东西而只能有私人权利。——于是这里也就出现一场政治与道德之争(道德被当作一种权利学说)，而在这上面，准则的公共性那条标准又同样很容易地发现它自己有轻而易举的用场，但那却只能是：国家之间的契约把人们联系起来仅只以维护它们彼此之间的和平以及共同反抗另一个国家而维护和平为目标，而决不能是为了进行兼并。——于是就出现了下列政治与道德之间二律背反的情形，同时并附之以对它们的解决办法。

a. “如果这些国家中有一个向另一个允诺了某些东西：无论是提供援助或割让某些土地或赔款以及诸如此类；那就可以问：在国家安危所系的情形之下，他②是否可以这样来解除自己的诺言，即他将以两重身份来看待他自己；首先是作为主权者，因为他在他的国家里并不对任何人负责；然后又仅仅

① 可参看洛克《政府论》第 11 章第 134 节，第 13 章第 149 节，第 19 章第 228—239 节。——译注

② “他”指国家的统治者。——译注

作为最高的国家官吏而必须向国家作证。由此而得出的结论便是:他以第一种资格使自己负有责任的,他又以第二种资格把它解除了。"但是如果一个国家(或者是它的领袖)宣布这就是它的准则,那么十分自然地其他每一个国家就会或则是躲避它或则是和别的国家联合起来抵制它的专横跋扈。这就证明了,政治及其全部的狡诈根据这个尺度(公开性)也就破坏了它自身的目的,因而这条准则就必定是不正义的。

b."如果一个毗邻的强国增长到了强大可怕(potentia tremenda[可怖的力量])的地步而使人担忧;我们可不可以认为,因为它能够,所以它就会愿望着压迫别人,并且这是不是就给小国以一种(联合起来)进攻它的权利,尽管是事先并没有受到侵犯?"——一个想宣布它这里是在这样肯定着自己的准则的国家,只会更加确实地并且更加迅速地引来灾祸。因为大国会先向小国下手的;至于小国的联合,那对于懂得运用 divide et impera[分而治之]的人就只不过是一根软弱的苇草罢了。——这条国家智虑的准则一经公开说明,就必然破坏它自己的目标,因此就是不正义的。

c."如果一个小国由于它的位置隔断了一个大国的整体联系,而这块地方对保全大国又是必要的,那么大国是不是有权压服小国并把它合并到自己里面来?"——我们很容易看出,大国决不可宣布这样一项准则,因为或则是小国就会及早联合起来,或则是别的大国就会争夺这项战利品,因而它由于自己的公开性就使得自己行不通。这一标志表明,它是不正义的而且还可能是极高度的不正义的;因为不正义的一个小对象并不妨碍由此而证明的不正义可以是很大的。

3. 关于世界公民权利,我这里就略过不提了,因为它的准则由于与国际权利相类似,是很容易加以论述和评价的。

*　　*　　*

这里在国际权利准则与公共性两者的不可调和性这一原则中,我们便有着政治与道德(作为权利学说)不一致的最好的标志。可是现在我们也需要知道,它的准则与各民族的权利得以一致的条件又是什么?因为绝不能反过来结论说:凡是与公共性相容的准则因此之故就都是正义的,因为凡是具有最高决定权力的人都是不需要隐瞒自己的准则的。——一般国际权利可能性的条件是:首先要有权利状态的存在。因为没有这一点,就不会有任何公共的权利，而凡是我们在此之外（在自然状态中）所能设想的一切权利都纯属私人权利。我们在上面已经看到：仅只以脱离战争为目标的各个国家的联盟状态，才是唯一可以与他们的自由相结合的权利状态。因此政治与道德的一致就只有在一种联盟的结合中（它是由权利原则所先天给定的并且是必然的）才有可能。一切国家智虑都以在最大可能的范围上建立这种结合为其权利的基础，没有这个目的则它的一切巧辩就都是愚蠢和伪装起来的不正义而已。——这种伪政治学所具有的决疑论，抵得上最好的耶稣会学派：既有 reservatio mentalis[思想上的保留]，即以这样的提法来撰写公共契约，使人可以随机应变任意做出对自己有利的解释（例如，status quo de fait 与 de droit[事实上的现状和权利上的现状]的区别）；——又有不定论[①]，即把恶意编派给别人，或者甚至于把自己可能占优势的或然性转化为颠覆别的和平国家的权利根据；最后还有 peccatum philosophicum[哲学的罪行]（也叫 peccatillum 或 bagatelle），即把吞并一个小国认为是一件轻松而可以原谅的小事，只要一个更大得多的国家由此可以获得据称是更大的世界美好[②]。

政治对于道德的两重性支持着它可以为自己的目标去利用这一类或那一类道德。——仁爱和尊重人类权利这两者都是义务；然而前者是有条件的义务，反之后者则是无条件的、绝对命令的义务，那是想委身于善行的甜美的感情之中的人首先所必须充分保证绝对不可侵犯的。在第一种意义上（作为伦理学）政治是很容易同意道德的，为的是好使人类权利向他们的在上者付

① 按，不定论（Probabilismus）为决疑论中的一种。决疑论（Casuistik）一词原指专以道德概率判断宗教或伦理是非的学说，后演变为专指耶稣会的伦理学。决疑论讨论在道德行为的后果不可能确定的情况下，人们道德行为的准则究竟应该如何决定。决疑论者对此曾提出过各种不同的解答。一种是主张采取概然性与安全性两者均为最小的行为，这叫作 Probabilismus；一种是主张采取概然性最大的行为，这叫作 Probabiborismus；还有一种则是主张采取安全性最大的行为，这叫作 tutiorismus。——译注

② 这类准则的引证可以在审判长加尔费（加尔费〔Christian Garve，德国启蒙运动哲学家，1742—1798〕《论道德与政治的结合，一名关于在可能的范围内就国家政权观察私人生活的道德这个问题的一些考察》（布累斯劳，1788 年）。——译者）先生的《论道德与政治的结合》，1788 年，这本小册子中看到。这位可敬的学者开宗明义就承认无法对这个问题做出充分的答案。尽管对于所提出的反对论点他自认不能充分排除，但仍然可以说是对于那些非常倾向于滥用它的人做出了超乎值得称许的让步。

出代价。但是在它必须在其面前屈膝的第二种意义上（作为权利学说）的道德，则它发现最合适的办法还是根本不要插进来什么契约，而是宁可否认它的一切现实性并把一切义务都解释成单纯的好意。这种见不得光明的政治，其欺骗性是很容易由于公开出它那准则来而被哲学揭破的，只要它敢于让哲学家公开发表他们的意见。

就这方面着眼，我要提出另一条公共权利的先验的而肯定的原则，它的公式是这样的：

“凡是（为了不致失误自己的目的而）需要有公开性的准则，都是与权利和政治结合一致的。”

因为如果它们只能通过公开性而达到自己的目的，那么它们就必须符合公众的普遍目的（即幸福），而政治本来的任务就是要使之一致的（使公众满意自己的状态）。然而如果这一目的只有通过公开性，也就是只有通过摆脱对它那准则的一切不信任，才能达到，那么它那准则也就必须与公众的权利相一致；因为唯有在这一点上联合一切人的目的才是可能的。

对于这一原则进一步的引申和发挥，我必须留待另外的时机。然而它是一项先验的公式，则从它之摆脱一切经验的条件（即幸福学说）作为法则的材料以及它之仅仅着眼于普遍的合法则性的形式就可以看得出来。

* * *

如果实现公共权利状态乃是义务，尽管是只存在于一种无限进步着的接近过程之中，同时又如果它是一种很有根据的希望；那么永久和平——它迄今为止只是虚假地随着所谓缔结和平条约（本来无非是休战）而来——就不是一个空洞的观念，而是一项逐步在解决并且（因为同样的步骤所需要的时间可望越来越短）在不断朝着它的鹄的接近的任务了。

重提这个问题：人类是在不断朝着改善前进吗？[①]

1. 我们在这里要求知道什么？

我们渴望有一部人类历史，但确实并非一部有关已往的、而是一部有关未来的时代的历史，因而是一部预告性的历史；如果它不能以已经为人所知的自然规律（例如日月蚀）为指导，我们就称之为占卜的但却自然的历史；然而如果它不能以别的方式而唯有通过超自然的感通和开辟对未来时代的眼界才能获得，我们就称之为预言的（先知的）历史[②]。——此外，如果要问：人类（整体）是否不断地在朝着改善前进；那么它这里所涉及的就不是人类的自然史（未来是否会出现什么新的人种），而是道德史了；而且还确乎并非根据种属概念（singulorum），而是根据在大地上以社会相结合并划分为各个民族的人类的全体（universorum）。

---

① 本文写于 1797 年（康德 74 岁），最初出版于 1798 年，哥尼斯堡，尼柯罗维乌斯出版社。译文据普鲁士皇家科学院编《康德全集》（柏林，格·雷麦版，1917 年），第 7 卷，第 77—94 页译出。本文为《系科之争》一书三节中的第 2 节：《哲学系与法学系之争》。《系科之争》为康德在不同时期写成的三篇独立文章，合为一集，因内容涉及当时德国大学的系科划分问题，故题名为《系科之争》，初版扉页有："献给卡尔·腓利德里希·史陶德林博士教授，格廷根。著者谨献"字样。——译注

② 从皮提亚下迄吉卜赛的姑娘（皮提亚（pythia）为古希腊德尔斐地方阿波罗神殿传神谕的女祭司；吉卜赛人多以卖卜为生。——译注），凡是卖弄预告的（既无知识也并不真诚地在这样做，）就叫作在传预告。

2. 我们怎样能够知道它？

只能是作为对未来时代行将到来的事件之预告性的历史叙述，因而也就是作为对将要来临的事件之一种先天可能的陈述。——然而一部历史是怎样先天成为可能的呢？答案是：如果预告者本人就制造了并布置了他所预先宣告的事件。

犹太的先知们曾很好地预告过，他们的国家或迟或早行将不仅仅是倾颓而且是完全解体，因为他们本身就是他们这种命运的创造者。他们作为民族的领袖给他们的体制压上了那么多教会的以及由之而来的公民的重担，以至于他们的国家已经变得完全不适应于维持它本身、而尤其是与它相邻民族的关系了。因此，他们祭司的哀歌[①]就必定自然而然地会枉自随风消逝，因为他们顽固地坚持那种他们亲自缔造的但不能实现的体制，于是他们本身就能够准确无误地预见到结局。

我们的政治家，就他们的影响所及，也正好是在这样做的，并且也正好预告得同样幸运。——他们说，我们必须把人类看成是他们实际的那样子，而不能像对于世界孤陋寡闻的学究们或者好心的幻想家们梦想着他们所应该成为的那样子。可是这种他们实际的那样子也就是说：我们通过不正义的强制、通过政权随手捏造背信弃义的阴谋而把他们造成的那样子，那便是他们既固执不化而又反叛成性；当政权稍微一放松它的缰绳，于是就确实会得出这些自命聪明的国务活动家们的预言所证实的可悲的结果。

① “他们祭司的哀歌”即《旧约·耶利米哀歌》。——译注

牧师们也时而在预言着宗教的完全倾颓以及反基督者[①]的即将出现；而这样说的时候，他们就恰好在做着实现这一点所必需的事情。他们并没有想着把直接导向人类改善的道德原则置诸于教徒们的心里，而是把对它起间接作用的遵守戒律和历史信仰当成了最根本的义务；从这里面确实可以生长出来像在一个公民体制中的那种机械的一致，但是决不会有任何道德观念上的一致。可是这时候他们就叹息人们不信宗教了，而这却是他们自己造成的；因此即使他们没有特殊的预言天分，也能够做出预告。

3. 关于我们所要求预先知道的未来事物的概念的划分

预告所包括的情形有三种。人类在其道德的天职上，或者是继续朝着更坏倒退，或者是不断朝着改善前进，或者是永远停顿在被创造界中自己道德价值的目前阶段（永远环绕着同一个点旋转也和这是同一回事）。

第一种主张我们可以称之为道德的恐怖主义，第二种为幸福主义（如果从广阔的前景来观察进步的鹄的，也可以称之为千年福主义[②]）；但是第三种则可以称之为阿布德拉主义[③]；既然道德上的

① “反基督者”见前《万物的终结》。——译注

② “千年福主义”(Chiliasmus)见前《世界公民观点之下的普遍历史观念》。——译注

③ 阿布德拉主义(Abderitismus)，阿布德拉(Abdera)为古希腊原子论派中心；据传说，阿布德拉的空气使人愚蠢，故阿布德拉人或阿布德拉主义引申为愚人或愚蠢的同义语。十八世纪德国作家魏兰(Christian Martin Wieland，1733—1813)曾写有《阿布德拉人的故事》一书，讽刺了人类的愚蠢，为此处使用这一名词所本。——译注

真正停顿乃是不可能的，所以一场在不断变化着的上升和同样经常而深刻的堕落（仿佛是一场永恒的摇摆），就不过等于是主体好像始终停顿和留滞在同一个位置上而已。

a. 关于恐怖主义的人类历史观

沦落为恶，这在人类不能是持续不断的，因为到了它的一定程度，它本身也就会绝灭。因此随着更大的、累积如山的罪行以及与之相应的灾祸的增长，人们就可以说：事情现在已经变得不能更坏了，最年轻的日子[①]就要临头了；虔诚的热心人现在已经在梦想着一切事物的再度来临以及一个更新的世界了，——当这个世界在烈火之中被消灭以后。

b. 关于幸福主义的人类历史观

我们的秉赋中为天性所固有的善和恶，其总量始终是同样的，并且在同一个个体的身上既不会增多也不会减少，这一点总是可以承认的。——那么我们秉赋中的这种善的数量又怎么得以增多呢，既然它必须通过主体的自由才能够出现，而反过来主体为了这一点又需要具有比自己过去更多的善的积累的话？——作用不能超出作用因的能量之外，所以人身中混杂有恶的善，其数量也不能超出善的一定总量之外；但超出此外它才能努力向上并且从而也就能总是朝着更加改善而前进。因此幸福主义以其乐观的希望看来就似乎是靠不住的，而且在善的道路上永不休止地继续前进这

① “最年轻的日子”即世界末日，见前《万物的终结》。——译注

方面也不大能许诺什么东西是有利于一部预言的人类历史的。

c. 关于阿布德拉主义的人类预先决定自己历史的假说

这种意见很可能在它那方面拥有大多数人的同意。忙忙碌碌的愚蠢乃是我们这个物种的特性;我们匆促地走上善的道路,却又并不坚持走下去,而是为了不至于束缚于一个唯一的目的,哪怕就为仅仅来一次改变,也要把进步的计划给颠倒过来,建设就是为了要能破坏,于是我们便把西赛福斯[①]的石头滚上山去为的是好让它再滚下来这样一桩毫无希望的努力加给了我们自己。因此在人类的天然秉赋之中,恶的原则看来似乎倒不是和善的原则很好地混合(溶解)在一起的,反而更是每一个都被另一个所中和;它的结果就成了无所作为(在这里就叫作停顿)。使善与恶这样有进有退地交互进行,以至于必须把我们这个物种在这个地球上与自己打交道的整个这一幕都看作是纯属一场滑稽剧;这样一种徒劳无功的事在理性的眼里看来,比起其他种类的动物能以更小的代价而又不费理解地演出这一幕所具有的价值来,就并没有能赋予人类以更大的价值。

4. 进步问题不是直接由经验就能解决的

即使我们发现,人类从整体上加以考察,可以被理解为在漫长

① 西赛福斯(Sisyphus)为古希腊神话中科林多的国王,因贪婪而在黄泉之下被罚永远搬运巨石上山,巨石又永远从山上滚下来。——译注

的时间里是向前的和进步的；可是也没有一个人能因此就认定，正是由于我们这个物种的生理秉赋，目前就决不会出现一个人类倒退的时代了。相反地，如果它向后并且以加速度的堕落陷于败坏，我们也无须沮丧，以为就不会遇到一个转折点（punctum flexus contrarii），到了那里凭借着我们人类的道德秉赋，它那行程就会再度转而向善的。因为我们要探讨的乃是行为自由的生命，他们应该做什么确实是可以事先加以命令的，但是他们将要做什么却是无法事先加以预言的。当事情的确变得很坏的时候，他们就出于自己所加于自己的罪恶感而懂得采取一种格外强烈的动机，使之变得要比在这种状态以前更加好得多。——然而（古瓦意埃院长说）："可怜的有朽者啊，你们除了无常而外就没有任何永恒的东西。"[①]

也许这是由于我们采用来借以观察人世事物的进程的立足点选择得不正确的缘故，故而它才对我们显得矛盾重重。从地球上看来，行星是时而后退，时而静止，时而前进的。但是采用太阳为立足点，——这一点唯有理性才能做得到，——它们就会依照哥白尼的假说而在它们合规律的轨道上不断地前进了。然而也有一些并非完全愚蠢的人，却喜欢顽固坚持自己解释现象的方式和自己所曾一度采用过的立足点；他们在这个问题上竟使自己纠缠于第谷[②]的圆和圆外圆到了荒谬的地步。——但不幸正在于，当问题

① 见前《万物的终结》。——译注

② 第谷（即布拉格的第谷，Tycho Braha，1546—1601），丹麦天文学家，曾企图折中托勒密体系与哥白尼体系，提出地球以外五星（当时所知的行星）绕太阳而太阳与行星系每年绕地球一周的理论。——译注

涉及预言自由的行为时，我们却无法把自己置于这种立足点之上。因为那会是超乎一切人类智慧之外的天意的立足点了，天意是也要扩及于人类的自由行为的；而人类的自由行为固然也能被人类见到，但却不能确切地被人类预见到（对于神明的眼光，这里面却没有任何区别）。因为人类的预见需要根据自然法则的联系，但在有关未来的自由的行为方面人类却必须放弃这种引导或指示。

如果我们能够赋予人类以一种天生的、不变的、尽管是有限的善意，那么他们就有可能准确地预告他们这个物种是朝着改善在前进的，因为这里所遇到的事件乃是他们自己所能造就的。但是由于秉赋中的善混合了恶，而其总量又是他们所不知道的，所以他们就不明了自己可能从其中期待着什么样的效果了。

5. 然而预言中的人类史又必须联系到某些经验

在人类史上必须出现某些经验，它们作为事件足以表明人类的特性和能量乃是他们朝着改善前进的原因及其创造者，（既然那应该是一种被赋予了自由的生命的业绩）。但是从一种给定的原因而得以预言作为其效果的事件，那却只能是在一道参与这种作用的环境已经呈现的时候。然而这些环境之必定会有一度呈现，一般地是很可以像在博弈中计算概率那样来加以预言的；但是却无法确定这种预言所肯定的东西在我一生之中是否会实现以及我是否会获得对它的经验。

因此就必须找出一桩事件来，它可以表明这样一种原因的存在以及它那因果律对人类的作用，但在时间上却又不限定，并且它还能得出朝着改善前进的结论作为其无可避免的结果。然后这一结论还要能够这样地扩大到已往时代的历史(即它永远是在前进的),以至于那个事件的本身并不必须被看成是这种历史的原因,而是必须被看成只不过是一种示意、是一种历史符号(signum rememorativum,demonstrativum, prognostikon[回忆、指明、预示的符号]),并且从而能够表明人类整体的趋势;也就是说,并不是就个体来加以考察,(因为那就会弄成无穷无尽的列举和计算,)而是要像发现他们已经在大地上分成为各个民族和国家那样地来加以考察。

6. 论我们当代的一桩事件,它表明了人类的这种道德倾向

这桩事件并不是指什么人类所成就的重大的功绩或罪行,从而使得伟大的东西在人间会变得渺小或者渺小的东西会变得伟大,并且仿佛是由于魔术似的使得古老的、辉煌的国家结构消灭,而其他的国家结构则好像是从大地的深处冒了出来并取而代之。不是的,根本就不是任何这类东西。它仅只是指观察者的思想方式,这种思想方式在这次大变革[①]的演出中公开地暴露出来,并且甚至对演出者的这一方明白表现出一种如此之普遍而又无私的同情来反对演出者的另一方,以致竟冒着这种党派性可能对自己非常不利的危险。然而这样(由于普遍性),它就表明了人类全体的

① 本节中“这次大变革”、“一个才华横溢的民族的这场革命”,均指 1789 年开始的法国大革命。——译注

一种特性以及同时(由于无私性)他们至少在秉赋上的一种道德性；那使人不仅可以希望朝着改善前进，而且就他们的能量目前已够充分而言，其本身已经就是一种朝着改善前进了。

一个才华横溢的民族的这场革命，是我们今天就目睹它在我们自己的面前进行的，它可能成功或者失败；它可能充满着悲惨和恐怖到这样的程度，以至于一个善于思想的人如果还希望能再一次有幸从事推进它的时候，就决不会再下决心要以这样的代价来进行这场实验了。——就是这场革命，我要说，却在一切观察者(他们自身并不曾卷入这场演出)的心目之中都发现有一种在愿望上近乎是热诚的同情，何况那种同情表现的本身也就带有风险，因此它除了人类的道德秉赋而外就不可能再有什么别的原因了。

这种道德倾注的原因乃是两重性的：首先是权利上的原因，即一个民族之为自己提供一种他们觉得对自己是很好的公民体制，决不能受到另一个强权的阻挠；其次是目的上的原因(它同时就是义务)，即唯有一个民族那种按它的本性来说它就是被创造得在原则上能够避免侵略战争的体制，才会本身就是正义的并且在道德上是善良的。那就不可能是什么别的而只能是共和的体制，至少是在观念上①；因之也就出现了得以防止战争(一切罪恶与道德腐

① 但是这并不意味着一个具有一部君主制宪法的民族(“一个具有一部君主制宪法的民族”指普鲁士；当法国革命时，普鲁士为君主制国家。——译注)因此就可以自命有权去改变宪法，哪怕仅只是在自己的心里秘密地怀有这种愿望；因为它那在欧洲也许是非常辽阔的位置就可以向他们推荐，这种体制才是在强邻之间可以保存自己的唯一体制。而且如果臣民不是由于政府的内政而是由于政府的对外措施而有怨言，当它多少是阻碍了国外的共和化的话；那么这些怨言也绝不是人民对于自己的体制不满的证明，反倒是在热爱它，因为其他民族越发共和化，它也就越有把握能抵抗自己的危

化的根源)的条件,并且它就这样以其全部的脆弱性而消极地保证了人类朝着改善前进,至少是在其前进中不会受到阻碍。

因此,这一点以及满怀热忱地参与善行,——热忱即热情,尽管并不会都可取,因为任何热忱之作为这样一种热情都不是无疵可议的,——就通过这场历史而为人类学上非常重要的这一论点提供了理由:即,真正的热情总是在朝着理想的东西以及真正纯粹道德的东西前进的,比如权利概念,而不可能被嫁接到自私心上面去。靠金钱报酬是不能对革命派的反对者激发起单纯权利概念在革命者的身上所产生的那种热心和灵魂的伟大的;即使是古代善战的贵族们的荣誉概念(它可以和热情相类比),也会在那些眼里盯着自己所属的本族人民的权利[①]并认为自己就是它们的保卫

险。——可是造谣污蔑的阿谀奉承者们为了拍高自己,却力图把这种无辜的政治闲谈说成是企图改制,是危害国家的雅各宾派和暴民;但是这种说法却一点根据都没有,尤其不可能是在一个远离革命舞台一百多德哩之外的一个国度里(按"雅各宾派"〔Jakobinerei〕为法国大革命的激进派;"远离革命舞台一百多德哩[约七百余公里。——译注]之外的一个国度"指普鲁士。康德因对当时的法国革命表示同情,曾被人指责为雅各宾派。——译注)。

① 关于人类权利论的这样一种热情,我们也可以说:"postquam ad arma Vulcania ventum est,——mortalis mucro glacies ceu futilis ictu dissiluit"[遇到火神的武器之后,——人世的刀剑有如薄冰一样不堪一击就破碎了]。(语出魏吉尔《伊奈德》,XII,第739页。——译注)。——为什么从没有一个统治者敢于公然宣称:他根本就不承认人民有任何权利反对他,人民只能把自己的幸福归功于赐福给他们的那个政权的恩惠,而且臣民有权反对政府的任何说法(因为这里面包括一种允许反抗的概念)都是荒谬的,甚至于是犯罪的呢?——原因在于这样一种公开声明就会激起所有的臣民都要反对他,尽管他们是像驯服的绵羊一样被一位善良而明智的主人所领导,得到很好地饲养和有力的保护,不必为有关自身幸福的任何事情而诉苦。——因为天赋自由的生命是不会满足于只享受别人(而在这里就是政权)所可能分给他的生活的安乐的;问题在于他要为自己取得这些东西时所依据的原则。但是幸福是没有原则的,无论是对于那些接受它的人,还是对于那些施舍它的人(这些人把它置于这上面,那些人又把它置于那上面);因为它在这里涉及的乃是意志的内容,而那是经验的,并不可能具有规律

者的人们的武器之前销声匿迹的[1]；局外旁观的公众这时候也便以这样的慷慨激昂而表示了自己的同情，却又一点也无意参与其中。

7. 预言的人类史

在原则上它必须是某种道德的东西，而这种东西被理性表现为某种纯粹的、但同时又由于其巨大的和划时代的影响而被表现为某种公认是人类灵魂的义务的东西；这种东西涉及人类结合的全体(non singulorum, sed universorum[不是以个人，而是以整体])，它以如此之普遍而又无私的同情在欢呼着他们所希望的成功以及通向成功的努力。

这种事件并不是一种革命现象，而是(像艾哈德先生所说的[2])其本身确实并不是仅仅由于野蛮的战斗便能成就的一种自然权利[3]的体制的演化现象，——因为内战和外战会摧毁迄今所

的普遍性。因此一个天赋自由的生命在意识到自己对于没有理性的动物的这种优越性时，就可以而且应该根据自己的意志抉择这一形式原则来要求自己所属的那个人民不能有任何别的政权，除了是他们在其中也要参与立法的那样一种政权；也就是说，那些应该俯首听命的人的权利必须要走在一切安乐的考虑的前面，它是高出于一切价格(用处)之上的一种圣洁，是任何政权所决不能侵犯的，无论该政权可能是怎样地一贯在做好事。——然而这种权利却始终只是一种观念，它的实现要受到它的手段与人民所不能逾越的道德相一致这一条件的限制；那是决不能通过在任何时候都是属于不正义的革命而出现的。——自主地进行统治而又是共和制，也就是说以共和主义的精神并照此类推而进行治理，这就是能使一个民族得以满足于自己的体制的东西了。

① 指法国革命反对外国武装干涉的战争。——译注

② 康德友人艾哈德医生(Johann Benjamin Erhard, 1766—1827)曾写过几种政治著作，此处称引见《论人民的革命权利》(1795 年)，页 189。——译注

③ “自然权利”或译“天赋人权”。——译注

建立的一切法定的体制，——而是要引人去追求一种决不可能是好战的体制，也就是共和的体制。它可能或则在国家形式本身上是共和制的，或则仅只是在治理方式上以领袖们（君主们）的一致性来管理国家，类似于一个民族根据普遍的权利原则而为自己立法那样。

现在我无须有预见的精神就肯定能预言人类根据我们今天的面貌和征兆将会达到这一目的，以及同时还有那种从今而后决不会再有全盘倒退的朝着改善的前进。这是由于人类史上的这样一种现象是不会再被遗忘的缘故，因为它揭示了人性中有一种趋向改善的秉赋和能量；这一点是没有一个政治家从迄今为止的事物进程之中弄清楚了的，而是唯有大自然与自由在人类身上按内在的权利原则相结合才能够许诺的。但至于时间，则它只能是不确定的并且还是作为偶然的事件。

但即使是这一事件所着眼的目的现在并没有能达到，即使是一个民族的革命或体制改革到头来遭到失败，或者是改革经历了一段时间以后，一切又都回到从前的轨道上去，（正如政治家们现在所预告的那样），那种哲学预告也不会丧失其任何一点力量的。——因为这一事件是太重大了，和人类的利益是太交织在一起了，并且它的影响在世界上所有的地区散布得太广泛了，以至于它在任何有利情况的机缘下都不会不被各个民族所想念到并唤起他们重新去进行这种努力的；因为那时候一桩对人类是如此重大的事情，就终将在某一个时刻会使人们所瞩望着的体制，在所有的人的心灵之中获得经常的经验教诲所不会不唤醒的那种稳固性的。

因此，这就不仅仅是一条善意的并在实践观点上是值得推荐的命题，而且还是一条尽管有各式各样的不信仰者、但在最严谨的理论上仍然可以成立的命题：即，人类一直是在朝着改善前进的并且将继续向前。如果我们不仅是看到某一个民族可能发生的事，而且还看到大地上所有慢慢会参加到其中来的民族的广泛程度，于是这一命题就展示出一幅伸向无从预测的时间里去的远景；只要不是在人类出现之前就整个淹没了动物界和植物界的自然革命的第一个时代（按康倍尔和布卢门巴哈的说法[①]）以后，继之也许还会有第二个出来也同样作弄人类，以便让其他的物种登上舞台，等等。因为对于大自然的全能，或者不如说它那为我们所不可企及的最高原因，人类本身只是微不足道的。但是统治者要把自己同类的物种也这样看待，部分地既给他们加以动物般的负担，仅仅当作是自己目标的工具，部分地又把他们置于彼此互相斗争之中，使他们遭受杀戮；——那就决不是微不足道的，而是违反造化本身的终极目的了。

8. 就其公开性，论根据朝着世界的美好前进而奠定的这一准则的难点

人民的启蒙就是把人民对于自己所属的国家的义务和权利公开地教导给他们。因为这里所涉及的仅只是自然的和出自普通人

① 康倍尔（Petrus Camper，1722—1789），荷兰解剖学家，此处所称见《论人类面貌的自然区别》（柏林，1792 年）第 3 节；布卢门巴哈（Johann F. Blumenbach，1752—1840），哥廷根大学医学教授，此处所称见《自然史手册》（哥廷根，1779 年）第 47 和 474 页以下。——译注

类悟性的权利，所以它们在人民中间的天然宣告者和阐扬者就不是国家所设置的官吏而是自由的权利的教师，也就是哲学家。哲学家正由于他们允许自己这种自由，也就有碍于一味总是要进行统治的国家，并且在启蒙者的名称之下被人诋毁为国家的危险人物；尽管他们的声音并不是亲切无间地针对着人民的，（因为人民对它们以及他们的作品很少或者根本就不注意，）而是毕恭毕敬地针对着国家的并在请求国家留心他们那种权利的需要。当整个民族想要申诉自己的疾苦时，这一点除了通过公开化的办法而外，就再没有别的办法可以实现。所以禁止公开化也就妨碍了一个民族朝着改善前进，哪怕是在有关他们的最低要求上，即仅仅有关他们的自然权利上。

另一种虽则很容易识破、但却可以合法地命令一个民族的办法，则是以它那宪法的真正性质作为掩饰。要说英国是一个绝对君主制，那会是对英国民族尊严的一种侮辱；于是有人就说它是通过作为人民代表的国会两院而成为一种限制君主意志的体制的。然而每一个人都非常明白，君主对于这些代表的影响是那么巨大而又那么准确无误，以至于除了君主所要求的并通过他的大臣所提议的东西而外，上述的两院就不会做出任何决定来。大臣们甚至还会时而提出他[①]明明知道并有意炮制会使自己遭到反对的决议案来（例如，有关黑奴贸易的），为的是好给国会自由提供一种假象的证明。对有关事情的性质的这种提法，其本身就具有一种欺骗性，即它使人根本不再去寻求真正的、遵守权利的

① 此处“他”系指当时的英国国王乔治第三（1763—1820）。——译注

体制；因为人们以为已经在手边现成的事例中找到了它，而一种虚假的公开化则又以一个受他们所订立的法律所限制的君主[①]来欺骗人民，同时他的代表们却秘密地卖身投靠于一位绝对的君主。

*　　*　　*

一部与人类的自然权利符合一致的宪法这种观念，亦即结合在一起服从法律的人们同时就应该是立法者的这种观念，乃是构成一切国家形态的基础；并且由纯粹理性概念设想为与之相符而被称为柏拉图式的理想(respublica noumenon[国家本体])的这种共同体，也不是一种空虚的幻念，而是一切公民体制的一般的永恒规范，并且它会摆脱一切战争的。一个按照这种观念组织起来的公民社会，就是它按照自由法则通过经验例证(respublica phenomenon[国家现象])的表现，而且是只有在经历过许多的敌对和战争之后才能艰辛地获得的。但是它那体制一旦大体成就以后，就有资格成为一切体制之中最能摒除战争这个一切美好事物的毁坏者的那一种。因而走向这样一种体制就是一种义务，但暂时(因为

① 一种其性质不能直接被识别的原因，可以由于其所不可避免要带来的结果而暴露出来。什么是一个绝对的君主？那就是这样的一个人；如果他说：必须进行战争，那么在他一声令下，马上就会发生战争。反之，什么是一个有限的君主？那就是一个事先必须问一下人民究竟要不要进行战争的人；如果人民说：不许有战争，于是就没有战争。——因为战争乃是一种全部的国家力量在其中都必须服从国家首脑的命令的状态。英国的君主现已进行过许多次战争了，而并没有去寻求那种对战争的批准。因此这位国王就是一位绝对的君主，虽说按照宪法他不应该是那样；但是他却总可以绕过宪法，因为正是凭借着他具有任命一切官吏和职位的权力的那种国家力量，他就能够掌握人民代表的同意。但是这种收买制度要能成功，就的确不可公开化。因之，它就始终处于一层非常之透明的保密面纱之下。

那还不能马上实现）只是君主们的义务；尽管他们可以专制地进行统治，却应该共和地（不是民主地）进行治理，也就是说应该按照与自由法则相符合的精神来对待人民（正如一个理性成熟的人民应该为他们自己所规定的那样），即使在字面上无须征得他们的同意。

9. 朝着改善前进会给人类带来什么收获？

所带来的并不是道德数量在心灵中的不断增长，而是它那合法性的产品在合义务的行为中的增多，无论它可能是由什么动机所促成的。这就是说，人类朝着改善而努力的收获（结果），只能存在于永远会出落得更多和更好的人类善行之中，也就是存在于人类道德品质的现象之中。——因为我们只能以经验的数据（各种经验）作为我们这种预言的根据，亦即只能根据就它们的出现而言其本身也是属于现象的我们那些行为的物理原因，而不是根据包括对应该出现的事情的义务概念在内、并且唯有它才能是先天地加以规定的道德原因。

来自强权方面的暴力行为将会减少，遵守法律将会增多。在共同体中大概将会有更多的良好行为，更少的诉讼纠纷，更多地信用可靠，等等，部分地是出于荣誉心，部分地是出于更好地理解到自己的利益。这就终于也会扩展到各民族相互之间的外部关系上，直至走向世界公民社会，而无需人类的道德基础因此而有最微小的增长，因为要达到这后一点就需要有另一种新的被创造物（超自然的影响）了。——因为关于人类在其朝着改善的前进中，我们

也决不可期待过多,以免有理由要遭受政治家们的讥笑,他们是喜欢把人类的希望当作是一种过分紧张的头脑的梦想的[①]。

10. 只能在哪种秩序之下才可以期待朝着改善前进?

答案是:不能靠自下而上的事物进程,而只能靠自上而下的。期待着靠对青年进行家庭教诲,然后是从低级的直到最高级的学校中进行教育,靠宗教学说在精神上和道德上加强培养而终于造就出不仅有善良的公民,而且还有永远在前进着的并能维持其本身的善行;这只是一种计划罢了,而其所愿望的结果却是难以期待的。因为不仅仅人民认为他们的青年的教育费用不应该由他们自己而应该由国家来负担,反之国家在它那方面却没有余钱用

① 把国家体制想象为(尤其是在权利的观点之下)符合理性的要求虽则很美妙,但是要提出它们来却不免是夸诞,而要煽动人民起来废除现存的体制则是犯罪的了。

柏拉图的大西国、莫尔的乌托邦、哈林顿的大洋国以及阿雷的赛韦朗比亚(这里的四部书均为对理想国的描写:《大西国》〔Atlantica,即大西岛 Atlantis〕为古代传说中大西洋里的一个国度,后沉没于海中,见柏拉图《蒂迈欧篇》;莫尔〔Morus,即 Thomas More,1475—1535〕《乌托邦》〔1516 年〕;哈林顿〔James Harrington,1611—1677〕《大洋国》〔1656 年〕书中的立法者系影射英国革命的独裁者克伦威尔〔Oliver Crom-well,1599—1658〕;《赛韦朗比亚》〔Severambia〕指十七世纪法国政治小说《赛韦朗比亚史》〔Histoire des Severambes,1675 年〕一书,作者传说为阿雷·维拉斯〔Denis Vairasse d'Allais〕。——译注),都曾经一一地被带上舞台,但却从不曾有人尝试过(克伦威尔的专制共和国那个失败了的畸形儿除外)。——创造国家的经历也像创造世界一样,当时是没有人在场的,而且他也不可能出席这样一场创造,因为否则的话他就必定得是他自身的创造主了。希望一个像我们在这里所设想的国家产物有朝一日,无论它可能来得多么迟缓,能达到完美之境,那只是一场美妙的梦;然而不断地趋近于它则不仅是可以设想的,而且就其可能与道德法则相一致而言还是义务,但并非是国家公民的义务而是国家首脑的义务。

来支付能干而热心忠于职守的教师们的薪金（正如布兴[①]所惋叹的那样），因为它把全部都花在战争上了；而且这种教育的整个机制也会缺乏联系的，如果它不是根据国家最高权力所考虑的方案并根据它的这一目标加以设计、推动并且始终一贯地维持下去的话。对于这一点还得要国家也时时在改革它自己，并且努力以进化代替革命[②]，同时不断朝着改善前进。但既然对这种教育起作用的仍然是人，因而这些人本身就必须也要接受教育；所以由于人性的脆弱性处于可以受这样一种作用的促进的偶然性情形之下，他们进步的希望就只能以一种自上而下的智慧（当它为我们所看不见时，就叫作天意）作为积极的条件。至于在这上面所能期待于并要求于人类的东西，则只能期待着为这一目的所必需的消极的智慧了；亦即他们将会发现自己被迫不得不把对道德的最大障碍，即永远会使道德倒退的战争，首先是一步一步地人道化，从而逐步地稀少起来，终于是完全消灭其作为侵略战争，以便走入一种按其本性来说是奠定在真正的权利原则的基础之上的而又不会削弱它自己并能坚定地朝着改善前进的体制。

结　论

有一个医生天天都在安慰他的病人说不久就可以痊愈，答应一个说，脉搏跳动改善了，答应另一个说，排泄改善了，答应第三个说，发汗改善了，等等；遇到他的一个朋友来访，第一个问题就是：

① 布兴，见前《答复这个问题："什么是启蒙运动"》。——译注

② 此处"进化"原文为 Evolution，"革命"原文为 Revolution。——译注

“朋友，你的病情怎么样了？”“怎么样了吗？光是空说改善，我就要死了。”

任何人在国家灾难这个问题上想要否定人类的健康及其朝着改善的前进，我都不会责怪他。不过我却信赖休谟开出的那份可以起迅速治疗作用的英雄药方，他说：“当我看到目前各个国家互相进行作战时，我就仿佛是看见了两个醉汉在一家瓷器店里用棍棒互相殴打。因为他们必须慢慢地治疗他们相互造成的创伤，这还不够，而且事后他们还必须赔偿他们所酿成的全部损失。”[①]Sero sapiunt phryges[弗赖吉亚人聪明得太晚了。][②]。然而当前战争[③]的惨痛后果却可以迫使政治预言家承认，人类走向改善的转折点即将到来，它现在是已经在望了。

① “休谟开出的英雄药方”指拒绝发行战争公债，见《永久和平论》第1节第4款。休谟(D. Hume，1711－1776)《文集・论公债》：“我必须承认，当我看到王侯和国家陷入他们的债务、准备金和公债之中而进行作战和争吵的时候，它总是在我的心目之前带来一幕在瓷器店里用棍棒互相殴打的景象。”(伦敦，1875年，第1卷，第371页)——译注

② 语出罗马作家西塞罗(M. Tullius Cicero，公元前106—前43年)《家书集》，VII，16。按，弗赖吉亚(Phrygia)为小亚细亚半岛上的古国，拉丁作家通常以此词称特罗伊；特罗伊人在对希腊的战争中由于中木马计而被希腊所灭。——译注

③ “当前战争”指法普战争(1795年巴赛尔和约)，法奥战争(1797年福尔米原野和约)。——译注

论通常的说法：这在理论上可能是正确的，但在实践上是行不通的[①]

如果实践的规律被设想为某种普遍性的原则，并且是从必然会影响到它们运用的大量条件之中抽象出来的，那么我们就把这种规律的总体本身称之为理论。反过来，却并非每种活动都叫作实践，而是只有其目的的实现被设想为某种普遍规划过程的原则之后果的，才叫作实践。

不管理论可能是多么完美，看来显然在理论与实践之间仍然需要有一种从这一个联系到并过渡到另一个的中间项；因为包摄着这种规律的悟性概念，还必须补充以一种判断力的行动，实践者才能借之以区别某件事物是不是规律的例证。既然对于判断力并不总是能够再给出规律来，使它们在这种包摄中可以据之以指导自己（因为那样就没有尽头了）；所以就可能有些理论家是终生都不能实践的，因为他们缺乏判断力：例如，有些医生或法学家，他们的学习成绩很好，但要他们提出建议时，他们却不知道自己应该怎么办。——然而即使在发现有这种天分的地方，也可能仍然缺少

---

① 本文写于 1793 年（康德 69 岁），最初刊载于《柏林月刊》1793 年第 22 卷，第 201—284 页。译文据普鲁士王家科学院编《康德全集》（柏林，格·雷麦版，1912 年）第 8 卷，第 274—314 页译出。——译注

一些前提;那就是说,理论可能是不完备的,而它那圆满也许只能是通过由学院出身的医生、农学家或经济学家可能而且应该抽象出来并使自己的理论得以完备的那些尚有待进行的研究与经验才会实现的。如果理论在实践上还不大行得通的话,那就并不在于理论本身,而在于还没有足够的理论;它是一个人应该从经验中学得的并且它还会是真正的理论,哪怕他自己并没有给出它来,并且又不是作为学者而处于一个能以普遍的命题进行有系统的陈述的地位,因之也就不能要求享有医生理论家、农学理论家等等的名称。因此,没有一个人可以冒充在实践上精通某一门科学,却又蔑视理论,而能不赤裸裸地暴露自己在这门学科里是个愚昧无知者。因为他相信:在实验和经验之中到处摸索而不必搜集某些原则(这本来就是我们所称之为理论的),也不必对自己的专业设想一个整体(这如果处理得法,就叫作体系),他就能够比理论所能带动他的,走得更远。

可是比起一个无知无识的人自命在自己所想象的实践之中理论是不必要的和多余的来,更加不可容忍的却是一个承认理论及其教学价值(仅仅是为了什么训练脑筋)的聪明人,但同时却又认为:那在实践上说来完全是另一回事,当我们从学校走入世界之后,就会体会到我们是在追逐着空洞的理想和哲学的梦幻;总而言之,凡是在理论上好听的东西,在实践上都是没有有效性的。(这一点我们往往也这样表述:这个或那个命题 in thesi[在理论上]确实是有效的,但 in hypothesi[在假设上]却不是的。)我们都只能是嘲笑一个光凭经验就如此之否定一般机械学的机械师或是一个如此之否定弹道的数学理论的大炮师,他们竟至认为那些有关的

理论虽则构思精巧，但在实践上却是根本无效的，因为一运用起来，经验得出的结果就与理论全然不同；（因为只要对前者再补充上摩擦理论，对后者再补充上空气阻力，因而一般地就只是补充上更多的理论，那么它们就会和经验很好地符合一致了。）可是一种涉及直观对象的理论，那么情况就与对象在其中仅仅是通过概念而表现出来的理论（诸如与数学的对象和哲学的对象）迥然不同了。这后一种对象也许可以（从理性方面）十分良好地而又无可非难地被人思议，但却也许根本不可能被给定；它们很可能仅仅是空洞的观念，而在实践上却要么是根本不能应用，要么是应用起来会有缺陷。因而上述那种通常的说法[①]，在这种情形下就可能具有其很大的正确性。

可是在一种以义务概念为基础的理论里，对这种概念之空洞的理想性的担忧就会完全消除了。因为如果我们意志的某些作用在经验之中（不管我们把经验想象为是已经完成的，还是不断趋近于完成）乃是不可能的话，则追求这种作用也就不会成为义务了；而本文所讨论的就只是这种类型的理论。因为使哲学蒙羞受辱的是，这种理论常常被人说成：凡是其中可能正确的东西，在实践上都是无效的；并且还是以一种显然是充满轻蔑口气的傲慢，竟要在理性安置其最高的荣誉的所在地而以经验来改造理性本身；以一种死盯在经验上的鼠目寸光的智慧，竟要比被造就得昂然挺立、眺望天外的那种生物所赋有的眼睛还看得更遥远、更

① “上述那种通常的说法”即“这在理论上可能是正确的，但在实践上是行不通的”。——译注

确切。

这条在我们这个光说不做的时代里已经是十分习以为常的准则,当其涉及某种道德的事物(德行义务或权利义务)时,就会导致极大的危害。因为这时,它所要处理的乃是理性(在实践中的)规范,而在这里实践的价值就完全取决于它对为它所依赖的理论的适应性;如果把实行法则时的经验的、并因此也就是偶然的条件弄成为法则本身的条件,而且这样就把根据迄今为止的经验所估计为一种可能的结局的实践转化为有权去主宰那种其本身是独立自在的理论,那就一切都完了。

我对本文的划分也将按照那位对于理论和体系是如此之断然加以否定的可敬的先生[①]从事评判他的对象时所根据的那样三种不同的立足点,亦即分为三重性质:1.作为私人,然而却是事业人,2.作为国家人,3.作为世界人(或一般的世界公民)。这三种人现在都联合一致去攻击为他们大家并为他们的美好而在探讨理论的学院派。既然他们幻想着自己对于这些懂得更多,所以就要把他这位学究从学院里开除出去(illa se iactet in aula![让他回自己的庭院里去飞扬跋扈吧!][②]),因为他在实践上腐朽无能,只不过是在妨碍他们富有经验的智慧而已。

因此,我们将把理论对实践的关系表现为如下三项:首先是

① 按此处"那位对于理论和体系是如此之断然加以否定的可敬的先生"可能是指柏克(Edmund Burke,1729—1797,英国作家)。柏克在《法国革命回想录》(1790;德译本,柏林,1793)一书中抨击了空谈政治理论而不顾经验的人,并用了一句话是康德在本文中所用的。——译注

② 语出魏吉尔《伊奈德》I,140。——译注

（着眼于每个个人的福利的）一般道德的，其次是（关系到各个国家的）政治的，第三是（着眼于人类整体的福利，并且还确实是就其在全部未来时代的一系列世代里朝着这一点前进而加以理解的）世界政治的考察。而这三项标题，出于本文自身的原因，将分别表述为理论对实践在道德上、在国家权利上与国际权利[①]上的关系。

I

论在道德上理论对实践的一般关系

（答加尔费[②]教授先生的某些不同意见[③]）

在我讨论有关什么才可能是在仅仅使用同一个概念时对理论或者对实践有效的东西这一现实的争论以前；就必须把我自己的理论，就像我在别处所曾提出过的那样，和加尔费先生所做的有关提法摆在一起，以便事先看一看我们彼此是不是互相了解。

A. 我暂把道德解释为不是教导我们怎样才能幸福而是教导

---

① 按此处的“国家权利”（Staatsrecht）、“国际权利”（Völkerrecht）均为作者由“权利”（Recht）一词所铸造的复合名词。Recht 一词的含义包括“权利”、“法”和“正义”等。为照顾原文推论线索前后一贯起见，译文凡遇 Recht 一词，将尽可能地译作“权利”。——译注

② 加尔费（Christien Garve，1742—1798）为 18 世纪德国启蒙运动哲学家，此处所称述的论点见加尔费《道德、文学与社会生活各种题材的研究》（布累斯劳，1792 年）。又，可参看本书《永久和平论》。——译注

③ 克·加尔费著《道德与文学各种题材的研究》，第 1 卷，第 111—116 页。我把这位可敬的先生对我的命题的争论称为不同意见，是由于他愿意（像我所希望的那样）在这方面和我意见一致；它不是作为否定的论断而会引起别人进行辩护的那类攻击，对于那种东西则本文既不是地方，我本人也没有那个意思。

我们怎样才能配得上幸福这样一种科学的入门[①]。这里我并没有忘记指出，当问题是要遵守义务时，却不可由此就强求一个人应该**放弃**自己的天赋目的，即幸福，因为正如一般任何有限的理性生物一样，他也是做不到那一点的。而是当义务的诫命出现时，他就必须完全**抽除**那种考虑；他必须彻头彻尾地使它不能成为遵守理性为他所规定的法则的**条件**。他甚至于还应该尽自己的可能去努力有意识地不让任何来自幸福的**动机**不知不觉地渗入到义务的天职里来。这一点又是这样被促成的：即，我们宁可把义务想象为是与奉行义务（即德行）所付出的牺牲联系在一起的，而不是与它所带给我们的好处联系在一起的，以便就其要求无条件服从的、本身是独立自足的而且不需要任何外来影响的全部权威而使得义务诫命可以为人理解。

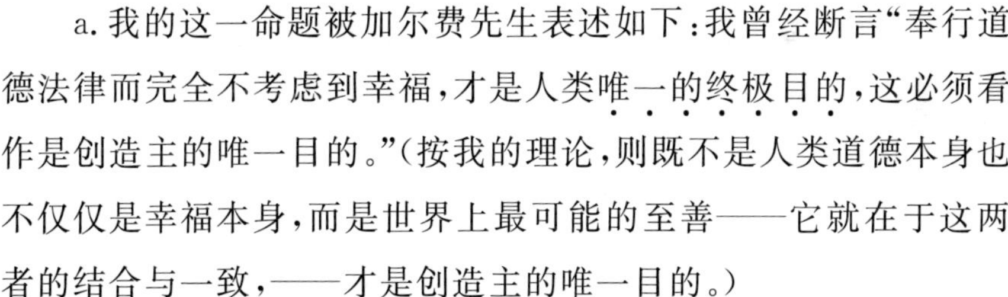

a. 我的这一命题被加尔费先生表述如下：我曾经断言“奉行道德法律而完全不考虑到幸福，才是人类**唯一的终极目的**，这必须看作是创造主的唯一目的。”（按我的理论，则既不是人类道德本身也不仅仅是幸福本身，而是世界上最可能的至善——它就在于这两者的结合与一致，——才是创造主的唯一目的。）

B. 我还曾进一步指出过，这一义务概念并不必需以任何特殊的目的为基础，倒毋宁是它把人类的意志**就此导向**另一个目的，即

① 配得上幸福，是一个人有赖于其主体自身的固有意志的那种品质；都是依照它，普遍的（为自然以及为自由意志而）立法的理性才能和一个人的一切目的都符合一致。因此它是全然不同于获得幸福的那种技巧性本身的。因为如果他所具有的意志不能与那种唯一适合于理性的普遍立法的意志符合一致并且不能被包括于其中（也就是说，它与道德相冲突）的话，那么他就配不上幸福本身以及大自然所赋予他的那种获得幸福的才能了。

尽其全部的能力去争取世界上最可能的至善(即与最纯粹的德行结合在一起的并与之相适合的世界全体的普遍幸福)。既然这一点在我们的力量限度之内只能是其中的一个方面,而非两个方面同时并举,于是理性在实践的观点上就强行引出了我们对一位道德的世界主宰者以及对一种未来的生命的信仰。这并非说好像是首先唯有假定这两个方面,普遍的义务概念才能得到"坚定和巩固",亦即动机的确实的基础和必要的力量;而只是说它唯有这样才能有一个相应于纯粹理性的理想客体[①]。因为义务的本身并不

① 之所以需要假定通过我们的协作而有一个世界上最可能的至善作为万物的终极目的,却并不是出于缺乏道德动机而是出于缺乏外在境况的需要,而唯有在那种外在境况中才能产生一个符合于这一动机的客体作为是自在的目的本身(作为道德的终极目的)。因为没有任何目的,也就不可能有任何意志;尽管当问题仅仅涉及对行为的法律强制的时候,我们却必须抽除这种目的而仅仅使法律成为其决定的根据。并不是每一种目的都是道德的,(例如自身的幸福这一目的就不是的),但目的却必须是不自私的。而有一种由于纯粹理性所提出的、把一切目的全都置于一条原则之下的终极目的的这一需要(作为由于我们的协作而成为最可能的至善的那样一个世界),则是无私的意志超出奉行形式的法律之外而扩大到产生出客体(至善)来的一种需要。——这是一种特殊的、亦即由于一切目的的全体这一观念而来的意志规定,而其基础就在于:如果我们对世上的事物处于某种道德关系之中,我们就必须处处都听从道德的法律;并且在这之上还要补充一种义务,即尽我们全部的能力来促使这样一种关系(即一个符合于道德的至高目的的世界)得以存在。在这方面,人类可以自认为与神明相比拟;因为神明尽管在主观上并不需要任何外在的事物,却不能被想象为是把自己封闭在自己本身之内的,而是由于其完全自足性的意识就被规定了自己要在其自身之外创造出至善来:最高存在者的这种必需性(它在人类就成为义务),我们就只能把它表现为道德的需要。于是在人类,存在于由于他们的协作而成为世界上最可能的至善的那种观念之中的动机,也就并不是自己心目之中的幸福,而仅只是作为自在目的的本身这一观念,因而也就是作为对义务的遵循。因为它绝对不包括幸福的前景在内,而仅只包括幸福与配得上幸福这二者之间的比例的前景,无论幸福可能是什么。然而把它自己以及把它之隶属于这样一种整体的观点都限定在这一条件之下的意志规定,却不是自私的。

是什么别的,只不过是把意志限制在一种普遍的、由于既定的准则而成其为可能的立法体系的条件之下而已,无论其对象或目的可能是什么(因而也可能是幸福);然而这些以及我们所可能具有的任何目的,却都必须从中完全抽除掉。因此,在道德的原则这个问题上,至善的学说之作为由它所规定并适应于它那法则的一种意志的最后目的(作为插曲)就可以全然略过,放在一旁;正如以下可以表明的,真正的争论焦点根本就不在于这一点,而仅仅在于普遍的道德考虑。

b. 加尔费先生把这一命题表述如下:"有德的人决不能够、也决不可以眼里漏掉这一(自己幸福的)着眼点,因为否则的话,他就会完全失掉朝向不可见的世界的过渡、对上帝存在以及对不朽①的信念的;然而这些,按照这一理论说来,对于赋予道德体系以坚定性和牢固性却是绝对必要的。"他把归之于我的论点简短地、很好地总结如下而告结束:"有德的人遵循这种原则在不断地追求配得上幸福,然而只要是他真正有德,就绝不会追求使自己幸福。"(这里只要是的字样是意义含混的,必须首先加以解决。那意思可以指的是:他作为一个有德的人在行为上服从自己的义务;那么这一命题就和我的理论完全相符。或者指的是:如果他仅仅是一般有德而已,并且因此即使是在并不涉及义务也并不与义务相冲突的地方,有德的人也一点都不应该考虑到幸福;那就和我的论点全然相反了。)

因此,这些反对意见就无非是错误的理解而已,(因为我不愿

① "不朽"指灵魂不朽。——译注

把它们当作是错误的解释)。人类在评判别人的思想时,也有一种要追随自己一度所曾习惯的思想路线的倾向,并且要把后者带进前者之中来;如果不是这种倾向足以说明上述这样一种现象的话,那么这些错误理解的可能性就要令人诧异了。

随着对上述道德原则加以这种争论式的处理而来的,便是对于对方的一种武断的论断。加尔费先生分析式地这样结论说:"在排列概念时,对于使得某一个优先于另一个的那种状态的察觉与辨别,必须是先于选择其中的每一个,因此也就是先于预先决定某种目的。然而一个被赋予对自己本身以及自己的状态的意识的人,当这种状态出现并被他察觉的时候;他所优先于其他各种状态而择取的这种状态便是一种美好的状态。而一系列这类美好的状态,便是幸福这个字样所表达的最普遍的概念。"——还有:"法则预先假定有动机,但动讥则假定有一种事先已被察觉到的对更好的与更坏的状态的分别。这种被察觉到的分别乃是幸福概念的要素,等等。"还有:"在幸福这个字样的最普遍的意义上,就从幸福里产生出来了每一种努力的动机,因此也就有遵循道德法则的动机。我必须首先一般明了某种事物是不是美好,然后我才能问,履行道德义务是不是属于美好这一栏;人类必须先有一个使自己置身于运动之中的推动力,然后才可能预定一个这种运动所应指向的鹄的[①]。"

① 这一点就正是我所坚持的。在为人们预定一个鹄的(目的)之前,他们事先所能具有的推动力显然不可能是什么别的,只不过是通过它(不管一个人可以具有、并且由于遵守法则而达到什么目的)而激起他们尊敬的那种法则本身而已。因为就意愿的形式方面而言,法则就是当我从事例中抽掉意愿的内容(即加尔费先生所称的鹄的)之后所剩下来的唯一东西。

这种论证就只不外是在玩弄美好这个名词的歧义罢了:因为这个名词或则作为本身是无条件的美好,而与本身是邪恶的东西相对而言,或则作为永远都仅只是有条件的美好,而与更好或更坏的美好相比较而言;选择这后一种状态就只可能是一种比较好的状态,但其本身却是恶劣的。——无条件服从自由意愿的绝对发号施令的法则(那就是义务)而根本不考虑任何成为其基础的目的,与作为某种行为方式的动机而去追求大自然本身为我们奠定的目的(那一般地就叫作幸福);这两条准则在本质上,也就是按性质来说,是不同的。因为前一条准则,其本身就是美好的;后一条准则却根本不是的,它在与义务相冲突的情况下还可能成为非常之邪恶的。反之,如果是以某一种目的为基础,因而并没有任何法则在无条件地(而是仅只在这一目的的条件之下)发号施令,那么两种相对立的行为就可能都是有条件的美好,只是一种比另一种更好而已(于是这另一种就被称为比较恶劣);因为它们并不是在性质上而仅仅是按程度来说,彼此不同。凡是其动机并不是无条件的理性法则(义务)而是一种被我们的意愿所奠定的目的的行为,也都是如此。因为这种目的属于全部目的的总和,而达到这些目的就叫作幸福;一种行为可以对我的幸福贡献较多,另一种则较少,因而一种就可以比另一种更好或更坏。——但是意志规定的某种状态之优先于另一种状态,则纯系自由的一种行动(就像法学家所说的 res merae facultatis[纯系机遇的事情]),在这种行动中这一(意志规定)本身究竟是美好还是邪恶是根本不予考虑的,因而就两方面而言都是等值的。

与某种给定的目的相联系而这一目的又是我要优先于同类之

中的其他一切目的的那种状态，乃是一种比较说来，也就是说在幸福的领域内更好的状态。（这种幸福就我们能配得上它而言，乃是理性除非仅仅以有条件的方式而外，决不会承认其为美好的。）然而我在自己的某些目的与义务的道德法则相冲突的情形下，却仍然有意识地要使后者优先的那一状态，就不仅是一种更好的状态而且是其本身美好的唯一状态；那是全然属于另一个领域的美好，在它那里，可能向我提供的目的（因而也包括它们的总和，即幸福）是根本不予考虑的，而且在它那里，构成其规定原因的并不是意愿的内容（一种给它奠定基础的对象），而是它那准则的普遍合法则性的纯形式。——因此就决不能说，每一种我使之优先于其他任何状态的状态，都能被我算作是幸福。因为首先我必须有把握，我的行为并不违反自己的义务；然后才可以在我能够使之与我自己的道德的（而不是物理的）美好状态相统一的范围之内，容许我自己去追求幸福[①]。

意志确实是必须要有动机；但动机并不是某种预先给定的、得自物理感觉的、作为目的的对象，而只不过是无条件的法则本身而已；意志对于它的感受，看作是无条件的强制时，就叫作道

① 幸福包括（而且也不外是）大自然所提供给我们的一切；但是德行则包括除了本人而外再没有别人所能给予或取走的东西。要是有人反驳说：由于偏离了德行，人至少会给自己招致责难和纯粹的道德自谴，因而也就是不满意，随之就可以使得自己不幸福；那么这一点总归是可以承认的。然而这种纯粹的道德不满意（不是由于对他不利的行为后果，而是由于违反了法则本身），却是唯有有德者或者是正处在成为有德者的道路上的人才有此可能的。所以那就不是他成为有德者的原因，而是他成为有德者的结果。而成为有德者的动机，就不可能是从这种不幸福（如果我们这样称呼一桩罪行的痛苦的话）那里得出来的。

德感;因此这一道德感也就不是意志规定的原因而是它的效果,如果这种强制不是事先就存在于我们身上的话,我们就一点也不会在自己身上察觉到它了。因此,这样一个老调子,——即这种感情,因而也就是我们使之成为我们的目的的一种愿望,便构成意志规定的首要原因,从而幸福(那种感情作为一个要素而属于幸福)便构成我们行为全部客观必要性的基础,从而也就构成全部义务的基础,——就纯属一场诡辩的游戏了。只要我们在援引某种效果的原因时不停地追问下去,我们就总归可以倒果为因的。

现在我就要谈到我们这里所真正要探讨的论点了:亦即通过事例来验证理论与实践二者在哲学上被人认为是相互冲突的利益。加尔费先生在他那上述的论文中,就对此提供了最好的例子。首先他说(在他论及我所分辨的我们怎样才能幸福和我们怎样才能配得上幸福这两种学说时):"就我这方面来说,我承认我虽则在自己的头脑中很能理解观念上的这种划分,但在自己的内心中却找不到希望上和努力上的这种划分;所以一个人究竟是怎么能够意识到已经把自己对幸福的渴望摆脱干净并从而完全无私地履行了义务,这对于我简直是不可理解的。"

我首先来回答这后一点。我很愿意承认,没有一个人能够确切无误地意识到自己已经完全无私地在履行自己的义务了。因为这属于内心的经验,并且对自己灵魂的这种意识还得要对于伴随着义务概念的种种想象力、习惯性和倾向性的全部的附带表象和考虑,具有一种彻底明晰的观点,而这一点却在任何情形下都是不能要求于人的。而且某种事物(因而也包括私下并未想到其

有利的事物)不存在,一般地并不能成为经验的对象。但是人却应该完全无私地履行自己的义务,并且必须把自己对幸福的渴望与义务概念全然分别开来,以便保持义务概念的完全纯粹,这一点却是他以最大的明晰性意识到的。否则,如果他相信自己不是那样,人们就可以要求他成为那样,只要那样是他力所能及;因为道德的真正价值就恰好在于这一纯粹性,所以他就必定能够做得到。也许从不曾有过一个人能够完全无私地(不掺杂任何其他动机)履行过自己所认识的而又为自己所尊崇的义务;也许从不会有一个人以最大的努力而能成就这一步。但是要求他以极其细心的自我检验可以察觉到,自己不仅没有任何这类起附带作用的动机,而且还更有对许多与义务相对立的观念的自我否定,因而使自己意识到要为那种纯粹性而奋斗的准则,这一点却是他所能做得到的,那么这对于他奉行义务来说也就够了。反之,若在人性不会容许有这样一种纯粹性(何况这还是他不能确切断言的)的借口之下,竟使鼓励这类动机的影响成了我们的准则,那便是全部道德的沦丧了。

至于加尔费先生上述的简短自白,说是在他的内心里找不到那种区别(确切地说,是划分),那么我就毫不迟疑要正面反对他那自我谴责并且要保卫他的内心来反抗他的头脑了。他这位正直的人的确经常是在他自己的内心里(在他自己的意志规定里)找得到它们的。但是正好是由于对不可理解的(不可解说的)东西,即无上命令的可能性(诸如义务之成为可能)进行思索和理解的缘故,它们在他的头脑里就不能和通常的心理解说的原则(那整个都是要以大自然的必然性的机械作用为基础的)调和一致[①]。

但是当加尔费先生最后说:"这类对观念的微妙划分,在思索特殊对象的时候已经就够暧昧的了;而当它用到行为上,当它应用于欲望与意图的时候,它们就会完全消失的。我们从考察动机过渡到实际行为的步骤越简单、越迅速而又缺乏明确的表象,就越是不可能确切可靠地识别每一种动机在引向这一步骤而不是其他步骤时所给出的决定性的重量。"——那我却要大声疾呼地反对他了。

义务概念以其完全的纯粹性,较之任何出自幸福或与之相关以及掺杂着对它的考虑的动机(这就在任何时候都需要有大量的技巧和深思熟虑),不仅是无可比拟地更加简单、更加明确、对每个人的实践运用都更容易领会而又更加自然;而且就在最普通的人类理性的判断里,——当它仅只被带到这种判断的面前,并且确实是摆脱了人类意志的判断,乃至于与之相对立,——也要较之一切从后者的自私原则而引出的动机远为强而有力得多、更迫切得多而又更富于成果。例如,假设有这样一种情形:某个人的手里有着别人寄托的一笔财产(depositum),财产所有人已经去世,而其继

① 加尔费教授先生在他对西塞罗《义务论》(指西塞罗的"De Officiis"一书。——译注)一书的诠释中,1783 年版,页 69)做出过一个值得注意的并且是无愧于他那机智的自白:"就我内心深处的信念而言,自由是始终无法解释的,也是永远无从阐明的。"关于它的现实性,无论是在直接的还是在间接的经验里都是绝对不可能找到证明的;而没有任何证明我们却又无法接受它。既然这样一种证明不可能得自纯理论的根据(因为那就一定得求之于经验了),因之就不可能得自纯实践的理性命题,也不可能得自技术-实践的命题(因为那也需要有经验根据),于是就只能得自道德-实践的命题;所以我们一定会奇怪为什么加先生不躲到自由这一概念里去,以便至少也可以挽救这种命令的可能性。

承人又对此一无所知，也不可能有所知悉。即使我们把这种情形向一个八九岁的小孩子提出来；并且同时，这笔财产的受托人自己的经济情况(不是由于自己的过错)恰好在这时候陷于完全破产，他看到自己面前是一个妻儿贫困、悲惨不堪的家庭，只要他占有这笔委托品，就可以立即把自己从这种困境里解救出来；同时他又是仁慈而行善的，但那个继承人却是为富不仁并且极端挥霍浪费，乃至于把这笔对他财富的补充就是抛到大海里去也不会更坏些。如果我们问，在这种情况下是不是可以允许把这笔财产拿来给自己使用。毫无疑问，提问人所得到的回答将是：不行。可以只说：**那是不义的**，也就是说，那是违反义务的，而用不着再说任何理由。这是最明白不过的了，但这确实并不是他由于这项交还就可以促进自身的**幸福**。因为假如他希望自己的决定是被幸福这一目标所规定的；那么，比如说，他就可以这样想："你若是把你现有的别人财产交还给真正的所有人而不要求什么，那么他们想来是会报偿你的忠诚的；或者如果没有这样，那你也会博得一个广泛流传的好名声，这可能对你是非常之有好处的。但是这一切都无法确定。反之，确实也会出现许多疑难：如果你要吞没了这项寄托，以便一举把你从你的窘境之中挽救出来；那么当你迅速使用它的时候，你就会引起别人猜疑你是怎样以及靠什么办法竟能这样快地改善你的境遇的。但是你若慢慢地用它来起作用，那么这段时间里窘困就会上升到这样的高度，以至于它会根本无济于事的。"——因此根据这一幸福准则，意志就摇摆于自己究竟应该采取什么决定的各种动机之间，因为他要着眼于结果如何，而它又是无从确定的。这就需要有一个很好的头脑才能使自己从正反两方面理由成堆的

压积之下解脱出来,而又不至于弄错了全盘计算。与此相反,如果他问一下自己,这里的义务是什么,那么他对提给自己的答案就会毫不犹疑,而是当下就可以确定自己应该做什么。如果义务这一概念对他总还有效的话,那么他甚至对于让自己去计较由于自己践踏了义务所可能产生的利益还会感到一种厌恶的,就仿佛他在这里真做出了这种选择似的。

因此,这种划分就正如已经指出的,并不像加尔费先生所想象的那么微妙,而是以巨大可读的字迹写在人们的灵魂之中,当其用到行为上的时候竟像他所说的那样会完全消失,那就甚至于是和自己的经验相矛盾了。确实倒并不是与由这一条或那一条原则而得出的准则的历史所提供的那种经验相矛盾,因为可惜这种经验证明了它们大部分都是从后一种(即自私)里面产生出来的;而是与仅仅是内心里才可能有的那种经验相矛盾,那种经验就是:比起把义务崇之于一切之上、与生命中的邪恶甚至于是它那最富吸引力的诱惑进行斗争,然而(正如我们有权认为人类是能够做到的那样)却会战胜它们的那种纯粹的道德心性来,再没有任何别的观念是更能提高人类的心灵并激发它们的精神的了。人类意识到:因为自己应该做到这一点,所以自己就能够做到这一点;这就在他们的身上开启了一种神明秉赋的深处,使得他们仿佛是对于自己真正天职的伟大与崇高感受到了一种神圣的敬畏。如果人类得以经常被提醒并且能习惯于使德行完全摆脱它那由于遵守义务而获得的全部利益的财富并以其全部的纯粹性来理解德行,如果能在私人的和公共的教育之中能使经常运用这一点成为原则(这种谆谆教导义务的方法差不多总是被人忽略的),那么人类的道德就必定

会很快地改善起来。历史的经验之所以迄今为止还不曾证明过伦理学有美好的结果，这一点却要归咎于下述的这一虚伪的假设：即，由义务观念本身所引导出来的动机，对于通常的概念来说未免是太微妙了，反之采取由于遵守法则（但不把它当作动机）而可以期待在这个世界里、乃至在未来的世界里确切得到利益的那种粗鄙的动机，倒会更有力地对心灵起作用；以及迄今为止我们都把追求幸福放在优先于理性以之为最高无上的条件的东西的地位，即优先于能够配得上幸福并把这当作是教育和训诲的原则的地位。因为我们怎样能使自己幸福、至少也是怎样能使自己预防不幸的规则，并不是诫命。它们决不束缚任何人，而且一个人受到劝告之后仍然可以选择自己认为是美好的东西，只要是他愿意使自己承担对自己所发生的一切。那时候由于忽视自己所受的忠告而可能产生的灾祸，他却没有理由看成是惩罚，因为惩罚仅仅适用于自由的但是违法的意志，但是大自然与人类倾向却不能为自由而立法。对于义务观念而言，情形就完全是另一样了，践踏了义务观念，即使我们不去考虑由此而对自己产生的不利，也会直接影响心灵并会使人在自己的心目之中成为可鄙的和应受惩罚的。

这里就是一个明显的证明，即凡在道德上对于理论说来是正确的东西，对于实践说来也就必定是有效的。——因此，以人的资格，作为由于自身固有的理性而在服从某些义务的一种生命，每个人就都是一个事业家；并且既然作为人，他永远也超不出智慧的学校之外，所以他就不可能自命是什么由于经验而超乎一个人的真实情况之外并且超乎我们所能要求于他的东西之外的更高明的受教者，而以高傲的藐视态度把理论的拥护者贬回到学院里去。因为所有这一切经验都丝毫无助于使他可以回避理论的规则，而至多也不过是当人们把它们汲取到自己的原则中来的时候，有助于他们学会怎样才能更好地而又更普遍地以它们来指导工作而已；可是这里所讨论的却不是它那实用的技巧性而仅仅是原则。

II

论在国家权利上理论对实践的关系

（驳霍布斯[①]）

在一群人所借以结合成一个社会的一切契约（pactum sociale［社会公约］）之中，建立一个公民体制的契约（pactum unionis civilis［政治结合公约］）乃是其中那么独特的一种；以至于尽管在其执行上它和其他任何一种（它们同样地指向某种共同要求的目的）有许多东西都是共同的，然而在其建制（constitutionis civilis［政治体制］）的原则上它却与其他一切在本质上都是不同的。在所有的社会契约之中，都可以发现有许多人为了某一个（大家都具有的、共同的）目的结合起来；但是他们的结合其本身便是（每一个人都应该具有的）目的，因而一般地在人们彼此之间不得不发生相互影响的每一种外在关系之中乃是无条件的首要义务，则这样一种结合是唯有在一个已经发现自己处于公民状态之中，亦即已经形成一个共同体[②]的社会之中才能发现的。而在这样的对外关系中

① 霍布斯（Thomas Hobbes，1588—1677 年），英国思想家，近代社会契约论的早期代表人之一；以下所驳霍布斯的政治理论，可参见霍布斯《公民论》（1642 年）、《利维坦》（1651 年）。——译注

② “共同体”指政治共同体，即国家。——译注

其本身就是义务并且还是其余一切对外义务的最高形式条件(conditio sine qua non[不可缺少的条件])的这一目的,便是公开的强制性法律之下的人权,每个人就由此而规定了自己的应分,并获得了免于受任何别人侵犯的保障。

但是对外权利这一概念一般地是完全出自人们在彼此外在关系上的自由这一概念的,而与所有的人天然具有的目的(即以幸福为目标)以及获得它的方法的规则毫不相干。所以这后者也就决不可作为其规定理由而干预那类法则。权利乃是以每个人自己的自由与每个别人的自由之协调一致为条件而限制每个人的自由,只要这一点根据普遍的法则是可能的;而公共权利则是使这样一种彻底的协调一致成为可能的那种外部法则的总和。既然每一种受别人意愿所限制的自由都叫作强制,由此可见公民体制也就是处于强制法律之下的自由的人们(在他们与别人结合的整体之中而无损于自己的自由)的一种关系,因为理性本身要求这样,并且还确实是纯粹的、先天立法的、决不考虑任何经验目的(全部这类目的都可以概括为幸福这个普遍的名称)的理性。既然对于幸福以及每个人应该把它摆在哪里,人们有着根本不同的想法,所以他们的意志就不能归结为任何共同的原则,因之也就不能归结为任何外在的、与别人的自由协调一致的法则。

因此,公民状态纯然看作是权利状态时,乃是以下列的先天原则为基础的:

1.作为人的每一个社会成员的自由。

2.作为臣民的每一个成员与其他成员的平等。

3.作为公民的每一个共同体成员的独立。

这些原则倒不那么是已经建立的国家所给定的法则,反而是唯有依据它才有可能符合一般外在人权的纯粹理性原则而建立起一个国家来的法则。

1. 作为人的自由,我要把它那对一个共同体的宪法的原则表述为如下的公式:没有人能强制我按照他的方式(按照他设想的别人的福祉)而可以幸福,而是每一个人都可以按照自己所认为是美好的途径去追求自己的幸福,只要他不伤害别人也根据可能的普遍法则而能与每个人的自由相共处的那种追逐类似目的的自由(也就是别人的权利)。——一个政权可以建立在对人民仁爱的原则上,像是父亲对自己的孩子那样,这就是父权政治(imperium paternale)。因此臣民在这里就像是不成熟的孩子,他们不能区别什么是对自己真正有利或有害,他们的态度不得不是纯消极的,从而他们应该怎样才会幸福便仅仅有待国家领袖的判断,并且国家领袖之愿意这样做便仅仅有待自己的善心。这样一种政权乃是可能想象的最大的专制主义,(这种体制取消了臣民的一切自由,于是臣民也就根本没有任何权利。)唯一使人们可能具有权利而同时就统治者的仁爱方面又是可能设想的政权,并不是什么父权政治而是祖国政治(imperium non paternala, sed patrioticum[不是父权政治而是祖国政治][①])。爱国的思想方式也就是这样一种思想方式,即国家中的每一个人(国家的领袖也不例外)都把共同体看成是母亲的怀胎或者说把祖国看成是父亲的土地,他自己就生长

① 此处“父权政治”原文为 väterliche Regierung,“祖国政治”原文为 vaterländische Regierung。——译注

于其中、生长于其上并且还得把它当成一项珍贵的担保品那样地宝传下去，为的只是通过共同意志的法律来保卫它的权利，而不是自命有权使它服从自己无条件的随心所欲的运用。就共同体的成员乃是一般地能够享有权利的生命而言，这种自由权利就是属于作为人的共同体的成员的。

2. 作为臣民的平等，则其公式可以叙述如下：共同体的每一个成员都对其他每个人具有强制权利，其中只有共同体的领袖是例外（因为他并不是其中的一个成员，而是它的创造者和守护者），唯独他才有权强制别人而本身却不服从强制法。然而凡是处于法律之下的人都是一个国家之内的臣民，因而就像共同体所有其他的同胞成员一样也要服从强制权利，唯一例外的（生物人或道德人）便是国家领袖，一切合权利的强制都唯有通过他才能加以运用。因为如果他也要受到强制的话，那么他就不会是国家领袖了，于是这个隶属的等级其序列就要无限地伸展下去。可是假若他们竟有了两个（不受强制的人）的话，那么他们就谁也不服从强制法，一个也就不能对另一个做出任何不义，而这却是不可能的事。

然而一个国家的人们作为国家臣民的这种一律平等，却是和人群的最大的不平等非常之好地结合在一起的，并且还是依照他们的财富程度的，不论它是在身体上或在精神上对别人的优越性，还是在身外的财物上以及一般在对别人的权利（那可能有许多种）上。于是一个人的福祉就十分之有赖于另一个人的意志（穷人有赖于富人），以至于一个人必须俯首听命，（像是孩子听命于家长，妻子听命于丈夫，）另一个人则对他发号施令，一个人就（作为雇

工）服役，另一个则雇佣，等等。然而按照权利（它作为公意的表现只能有一种，并且它只涉及权利的形式，而不涉及我对之享有权利的那种内容或对象），他们作为臣民却是大家彼此平等的。因为除了通过公开的法律（及其执行者，即国家领袖）而外，就没有任何人可以强制任何别人，然而另外的每个人也可以通过它而以同样的比例来抗拒他。但是没有人是会丧失这种强制权限的（因而也就是具有一种反对别人的权利），除非是由于自己犯罪，并且他还不能使自己自行——也就是说通过一项契约，因而是通过一项合权利的行动——放弃它，从而使自己没有权利而只有义务。因为这样一来，他就剥夺了自己订立契约的权利，因而也就自行废除了这一契约本身。

从共同体中的人们作为臣民的平等这一观念里，就得出如下的公式：共同体中的每一个成员都应该能达到自己的才干、自己的勤奋和自己的幸运所能带给自己在共同体中的（一个臣民所可能得到的）任何一级地位。而他的同胞臣民们却决不可由于一种继承的优先权（作为某种地位的特权）而妨碍他，从而就永远这样地阻碍了他和他的后代。

既然一切权利都仅只在于以别人的自由和自己的自由按照一种普遍的法则而能共同存在为条件来限制别人的自由，而（一个共同体中的）公共权利又仅只是一种现实的、符合这一原则的并与权力联系在一起的立法制度，都是由于它大家才在一种一般的权利状态（status iuridicus[法理状态]）中——也就是人们按照普遍的自由法则而互相限制的意愿在作用和反作用方面的平等（那就叫作公民状态）——隶属于一个民族。所以就一个人对另一个人的强制权限(他由此也就始终停留在他那自由的运用须与我的自由相一致的界限之内)而言,每个人在这种状态之中的生来的权利(也就是说先于其他一切合权利的行为)就是彻底平等的。既然出生并不是被生出来的人的一种行为,因而从其中就不能籀引出来权利状态的任何不平等和对强制法律的任何服从,除了他作为是一个唯一至高无上立法权力的臣民和所有其他的人所共有的那种而外。所以共同体的一个成员作为同胞臣民,对于另外一个就不能有生来的优先权,而且也没有人可以让自己的后代来世袭自己在共同体中所占有的地位上的优先权,因而仿佛是由于出生就有资格享有统治地位的样子,也不可强行阻止别人凭自己的贡献去取得更高的级别(是 superior 与 inferior[较高与较低] 的级别,而并非一个是 imperans 而另一个是 subiectus[一个是统治而另一个是臣服] 的级别)。凡是成其为财物(而不涉及人格)并作为财产可以被他获得或转让的一切其他东西,他都可以遗传下去,这样在一系列的后代里就可以在一个共同体的成员中间造成很可观的财富境况的不平等(雇工和雇主、地主和农奴,等等)。只是他却不得禁止这些人也有权上升到同样的境况,假如他们的才智、勤奋和幸运使他们有此可能的话。因为否则的话,他就可以强制别人而又能不受别人反作用的强制,并超逾他的同胞臣民的级别了。——凡是生活于一个共同体的权利状态之中的人,除非是由于自己的罪行而外,是决没有一个会由于契约或者是由于战争武力(occupatio bellica[使用战争])而失去这种平等的。因为他不能通过任何合权利的行为(无论是他本人的,还是任何别人的)而中止其为自己的主人并且以一种家畜的品级而出现,乃至人们竟可以任意使用他们从事各种服役而且可以随意长期地保持他们这样而无须他们的同意,甚至于没有不得残害或杀戮他们的限制(这种限制有时候还是被宗教所裁可的,像是在印度人那里)。我们可以认为他在任何状态中都是幸福的,只要他意识到他之没有上升到与别人同样的级别,都只是由于他自己(自己的能力或真诚的意志),或者是由于他所无法归咎于别人的境遇,而不是由于别人的无法抗御的意志;而别人作为他的同胞臣民而言,在权利方面是一点也不比他优越的[①]。

3. 共同体的成员之作为公民,亦即作为同胞立法者的独立性(sibisufficientia[自足性])。在立法本身的立脚点上,所有在现行公共法律之下乃是自由与平等的人们,都可以认为是平等的,但就制定这种法律的权利而言,却并不是的。那些不能具有这种权

① 如果我们想要把仁慈这个字样与一种确切的(有别于善心、善行、庇护等等的)概念联系在一起,那么它就只能被赋给这样一个人,对于这个人任何强制权利都是没有地位的。因此就只有国家机构的领袖——他促成并分配一切按公共法律来说可能是美好的东西(因为提供了美好的那位主权者仿佛是看不见的;他是人格化了的法律本身,而不是代理人)——才能够被赋予仁慈的主这个头衔,他是唯一任何强制权利对他都没有地位的人。所以即使在一个贵族政体之下,例如在威尼斯,元老院也才是唯一仁慈的主;而构成元老院的 nobili[贵族] 则都是臣民,就连大公也不例外(因为只有大会议才是主权者),并且就权利的运用而言大家彼此都是平等的,亦即每个臣民对这里面的另一个人都有强制权利。君主们(即享有当政的世袭权利的人们)则确乎只是就这一点着眼,而且鉴于他们所声称的那种(合乎宫廷礼节的,par courtoise[宫廷中的])权利,才被称为仁慈的主的;但是根据他们的财产地位则他们也是同胞公民,就连他们最卑微的仆人通过国家领袖也可以对他们享有一种强制权利。因此一个国家除了唯一的一个仁慈的主之外就不能再有更多的。但至于所谓仁慈的(确切地说,是高贵的)夫人,则这可以看作是她们的地位以及她们的性别(因之只是相对于男性)才使她们有权获得这一头衔的;而这一点又是由于道德风尚精致化(所谓献殷勤)的缘故,男性们认为这样做可以荣誉自己更有甚于它之承认女性对自己的优先权。

利的人，作为共同体的成员，也同样要服从这些法律并且因此也要受到它们的保护，但却不是作为公民，而是作为受保护的同胞。——也就是一切权利都有赖于法律。然而为大家规定了什么在权利上是可以允许的或是不可允许的公共法律，乃是公意的行动。一切权利都出自它，而它本身则是不能对任何人做出不义的。可是这一点却除了整个人民的意志（既然所有的人为所有的人做出决定，也就是每个人为自己本身做出决定）而外，再没有别的意志可能做到，因为只有对自己本身，才没有人能做出不义来。但是假如那是另一个人，那么一个与他不同的人的单纯意志就不能为他决定任何不可能是不义的事情；于是这另一个人的法律就需要有另一种限制他的立法的法律，因而任何个别的意志都不能为共同体立法。（确切地说，为了得出这一概念就需要有外在自由、平等和所有的人的意志统一这些概念；而后者当前两者都已具备的时候，既然是需要投票表决，所以其条件就是独立。）这一只能是由普遍的（联合的）人民意志之中产生出来的根本法，我们就称之为原始契约①。

在这一立法中享有投票权利的人，就叫作公民（citoyen［公民］，即国家公民，而非市民 bourgeois［市民］②）。除了天然的资格（即不得是儿童，不得是妇女）而外，为此所需要的唯一资格就是：他必须是其自身的主人（sui iuris［法理上自主］），因而享有某些财产（任何技能、手艺或美术或科学都可以计算在内）可以养活

① 关于“原始契约”，可参看霍布斯《利维坦》第 14 章。——译注

② 此处“国家公民”原文为 Staatsbürger，“市民”原文为 Stadtbürger。——译注

自己。这就是说，在他为了生活而必须取之于别人的情形下，他也只能通过转让属于自己的东西[①]而取得，却不能是通过他允许别人来使用他自己的力量，从而在服役这个字样的严格意义上他除了为共同体而外，就并没有为任何人服役。在这里，艺术从业者和大（或小）土地所有者彼此全都是平等的，亦即每个人都只有权投一票。至于土地所有者，则即使我们撇开下面的问题不谈：即，一个人得以占有比自己的双手所能耕种的更多的土地，这在权利上是怎样可能出现的（因为通过战争侵占取得的并不是最初的取得），以及许多人本来是完全可以取得一块永久性的土地占有的，却为了要能维持生活竟沦于仅仅在为别人服役的地步，这又是怎样出现的？那么它也还是与上述的平等原理相冲突的，假如有一种法律赋给他们以一种优先地位的特权，从而他们的后代或则永远都是大土地所有者（采邑），这些土地并不出售或由于继承而加以划分并因此而能使更多的人加以利用；或则即使是进行了这种划分，但除了属于为此而任意安排好的某一类人而外，就再没有人能够取得其中的一块土地。大土地占有者就消灭了其数量等于可

① 一个人完成了一件 opus[作品]，可以由于转让而把它交给另一个人，就好像它是自己的财产一样。但是 praestatio operae[劳动的保证] 却不是任何转让。家仆、店伙、雇工、甚至于理发师都仅仅是 operarii[劳作者]而非 artifices[艺匠]（在这个字的广泛意义上），也不是国家成员，因而便没有资格成为公民。虽说我把生火的木材交给他去劈的人和我把衣料拿给他去缝制一身衣服的裁缝，这两个人对我的关系看来是十分相像的；但前者却不同于后者，正如理发师不同于假发制造者（我也可以把头发交给他）一样，所以也正如雇工不同于艺术家或工匠；艺术家或工匠制作的一件物品只要还没有得到付款，就是属于自己所有的。后一种人作为企业从事者是在和别人交换自己的财产（opus），而前一种人则是允许别人使用自己的力量（operam）。——我也承认，要规定一个人可以提出自己成为自己的主人这种要求的地位，那多少是有些困难的。

能取代自己地位的那些小土地所有者们[1]及其投票权，他不能以他们的名义投票，并且他只有一票。——既然共同体的每一个成员取得其中的一份以及所有的人取得其全体，都必须全靠他们每个人的能力、勤奋和幸运，而这种区别又是普通的立法所不能预计的，所以对立法有投票权的人数就必须根据现在处于占有地位的人头数，而不能根据占有数量的大小来加以计算了。

但是所有具有这一投票权利的人，却必须一致同意这种公共正义的法律，因为不然的话，那些对它不同意的人和前一种人[2]就会发生一场权利争执，这本身又需要有另一条更高的权利原则才能加以决定。我们不可能期待全体人民都是前一种人，因而我们所能预期可以达到的就只是多数票，并且那(在广大的人民中间)确乎还不是直接投票者的多数而是作为人民代议士的代表们的多数，所以满足于这种多数的这一原理，就应该以普遍的一致同意并通过一项契约而加以接受，它必须成为建立一种公民体制的最高依据。

结　论

这便是一个公民的、因而也是人们中间完全合权利的体制之唯一可能以之为基础的而一个共同体唯一可能赖以建立的原始契约了。——可是这一契约(叫作 contractus originarius[原始契约]或 pactum sociale[社会公约])作为人民中所有的个别私人意志的

① 以上“占有”原文为 Besitz，“所有(权)”原文为 Eigenthum。——译注

② “前一种人”指对它一致同意的人。——译注

结合而成为一个共同的和公共的意志,(为了纯然合权利的立法的缘故,)却决不可认为就是一项事实(这样一项事实是根本就不可能的[①]),竟仿佛首先就必须根据已往的历史来证明曾有过一族人民,其权利和义务是我们作为后裔的继承下来了的,竟仿佛这族人民确实曾经有一度完成过这样一桩行动,并且还一定得在口头上或书面上留下给我们一项确凿无疑的有关通告或工具,好使我们尊重自己所要受到的那种既定的公民体制的束缚。它的确只是纯理性的一项纯观念,但它却有着无容置疑的(实践的)实在性,亦即,它能够束缚每一个立法者,以致他的立法就正有如是从全体人民的联合意志里面产生出来的,并把每一个愿意成为公民的臣民都看作就仿佛他已然同意了这样一种意志那样。因为这是每一种公开法律之合权利性的试金石。也就是说,倘若法律是这样的,乃至全体人民都不可能予以同意的话,(例如,某一阶级的臣民将世袭地享有统治地位的特权,)那么它就是不正义的;但是只要有可能整个人民予以同意的话,那么认为法律是正义的便是义务了,哪怕在目前人民处于这样一种状况或者思想情况,即假如征询他们对它的意见的话,他们或许是会拒绝同意它的[②]。

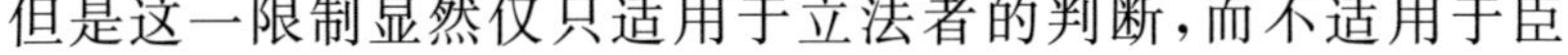

但是这一限制显然仅只适用于立法者的判断,而不适用于臣

① 可参看卢梭《社会契约论》第1卷,第6章。——译注

② 例如,当向所有的臣民按比例的征收作战税时,他们就不能由于它是压迫性的而说:因为在他们的意见里这场战争多少是不必要的,所以这种税就是不正义的。因为他们没有权利判断它;而且战争之不可避免和征税之不可或缺既然总是可能的,所以它在臣民的判断里就应该被视为是合权利的。但是假如某些土地所有人在这样一场战争中要负担纳税,而同样地位的另一些人却免于被征收;那么我们就很容易看出全体人民是不会同意这样一种法律的,并且既然这种不平等的负担分配不能认为是正义的,所以他们至少有权对此提出异议。

民的判断。因此如果一族人民在某种现行的立法体系之下做出的判断，有极大的或然性会损害自己的幸福时，那又应该怎么办呢？不要反抗么？答案就只能是：在这上面没有别的办法，只有服从。因为这里的问题并不是从共同体的建制或机构中使臣民能期待获得幸福的问题，而首先纯然是使每一个人的权利由此可以得到保障的问题。这就是有关一个共同体的全部准则所必须据以出发的最高原则，而且这一原则是不受任何其他原则所限制的。至于前者（幸福），则根本就没有任何普遍有效的法律原理是能够被给定的。因为无论是时势，还是每个人都把自己的幸福置于其中的那种非常之彼此矛盾而又永远在变化着的幻念，（没有一个人能向他规定，他应该把幸福置于何处，）都使得一切固定的原理成为不可能，并使得仅只以它作为立法体系的原则行不通。Salus publica suprema civitatis lex est［公共的幸福就是国家的最高法律］这个命题的价值和威信，仍然丝毫没有减少，然而首先需要加以考虑的公共福利，恰好就是通过法律来保障每个人自己的自由的那种合法的体制：只要他不侵犯别人普遍的合法的自由，因而也就是不侵犯其他同胞臣民的权利，他就始终可以以自己认为是最好的任何方式去寻求自己的幸福。

如果最高权力在立法时，首先是着眼于幸福（公民的富裕、人口的增长，等等），那么这就并不是建立公民体制的目的，而仅仅是保证合权利状态的手段，主要地是对人民的外部敌人。在这个问题上，国家领袖就必须被授权去独自进行判断：为了对内以及反抗外部敌人，保证自己的强大和巩固，究竟这类措施对于共同体的繁盛是不是必要的？所以那就并不是仿佛要违反人民的意志而使他们幸福,而仅仅是要使它作为共同体而得以存在[①]。对所采取的这种措施究竟是否明智的这一判断上,立法者确实可能犯错误,但是在他自问法律究竟是否符合权利原则的这个判断上,却不可能犯错误。因为他是以原始契约的那一观念作为可靠的标准的,而且还是先天地就在手头的(而不是像在幸福原则之下那样,需要等待着经验先来教导自己,手段的合用性究竟如何)。因为只要全体人民之同意这样一种法律并不自相矛盾,那就不管它对他们来得可能是多么酸辛,它总是符合权利的。但是如果一种公共法律是符合权利的,因之就权利的观点而言也就是无可非议的(irreprehensibel),那么它就既与强制权并且另一方面也就与禁止用暴行来反抗立法者的意志联系在一起。这就是说,使法律生效的国家权力也是不可抗拒的(irresistibel),而且没有这样一种强力来镇压一切内部的抵抗,也就不会有任何合乎权利而奠定的共同体的存在。因为这种抵抗是按一条准则来进行的,而这条准则如果使之普遍化,就会摧毁一切公民体制并消灭人类唯有在其中才可以一般地享有权利的那种状态。

由此可以得出:对最高立法权力的一切对抗、使臣民们的不满变成暴力的一切煽动、爆发成为叛乱的一切举事,都是共同体中最应加以惩罚的极大罪行,因为它摧毁了共同体的根本。而且这一禁令是无条件的,从而即使是这种国家权力或者它的代理人国家领袖,由于授权给政府完全用暴力(暴君式地)去行动而违反了原

① 这里面包括禁止某些进口,从而可以促使生活资料最有利于臣民而不是有利于外国人和鼓励外国的工业;因为没有人民的福利,国家就不会掌握足够的力量以抗拒外敌,或者是作为共同体而保存自己。

始契约，并且因此按臣民的概念来说就破坏了作为立法者的权利，臣民们也仍然不得以武力进行反抗。其理由就在于：在一个已经存在的公民体制之下，人民就不再有权利来经常判断那种体制应该怎样进行治理。因为即使我们假设他们有这样一种权利，而且那的确还是反对现今国家领袖的判断，那么又由谁来决定哪一方才是正义的呢？双方无论哪一方都不能作为自己案件的审判官那样来行事。因此在最高领袖之上就必须再有另一位最高领袖，以便在前者与人民之间做出判决，而这是自相矛盾的。——这里也不可能引用什么必需的权利(ius in casu necessitatis[必需情况下的法律])——那本来就是设想在最有(物质上的)必需时可以干出不义行为来的一种纯属子虚的权利[①]，——来为废除限制人民为所欲为的那道横栅提供一种解决办法。因为国家的最高领袖也可以同样地认为，他对臣民的严厉措施由于他们的违抗所以就是有道理的，正如臣民们由于尤怨自己的不公正的苦难所以起来造他的

① 除了在各种义务，亦即无条件的与(尽管或许是巨大的但仍然是)有条件的义务，互相冲突的情况下，是根本就没有什么 casus necessitatis[必需情况]的；例如当为了防止国家的不幸，一个人要在诸如父子关系上背叛另一个人的时候。防止国家的灾难乃是无条件的，而防止个人的不幸却只是有条件的义务(也就是，要以他并未犯背叛国家的罪行为限)。一个人可以向当局报告另一个人的企图，虽说或许是极其不情愿这样做，而只是迫于(道德上的)需要。——但是一个人为了保全自己的生命而抢走另一个溺舟人的木板，却说他是出于自己(物理上的)需要而有权利这样做；那就是完全虚伪的了。因为保全自己的生命仅只是有条件的义务(即当其并不犯罪的时候)；但是不得剥夺另一个并未侵犯我的人、根本并未使我有丧失生命的危险的人的生命，则是无条件的义务。普遍民法的教师们在承认他们乞援于这种需要所具有的合法权限上却是始终一贯的。因为当局并不能把任何惩罚和禁令结合在一起，原因是这种惩罚只能是死刑。但是当一个人在危险的境遇中并不愿意委身于死亡而以死刑威胁他；那便会是一种荒谬的法律了。

反乃是有道理的一样。这里由谁来作出判决呢?那就唯有那个负有最高公共权利的职责的人,也就正是国家领袖本人,才能做到了。因此共同体中就没有任何别人有权抗争他享有的这种地位。

然而我发现有些可尊敬的人们却主张臣民们在某种情况下有权对自己的在上者进行武装反抗,其中我在这里将只引征那位在他的自然权利的学说上是非常谨慎、非常精确而又谦逊的阿痕瓦尔[①]。他说:"如果由于长期忍受国家领袖的不正义而威胁着共同体的那种危险之令人担忧,更有甚于拿起装器来反抗他的那种危险,这时候人民就可以反抗他,运用这一权利来废除他们的服从契约并把他作为一个暴君而加以废黜。"于是,他结论说:"人民就以这种方式(在对他们原来统治者的关系上)又回到了自然状态。"

我很乐意相信,无论是阿痕瓦尔还是任何一位在这方面有着和他同样想法的正直的人,在任何这样一种境况临头时,都不会对如此之危险的企图做出建议或赞同的。而且也几乎不用怀疑,如果瑞士、尼德兰联合省、甚或大不列颠所借以赢得了他们今天有幸倍受赞扬的体制的那些起义[②]竟然失败了的话,那么这段历史的读者们也就会把处决他们那些其地位在今天是如此之崇高的发动者,只不过看作是对大叛国犯罪有应得的惩罚罢了。因为结局往往会混淆我们对权利基础的评判的,尽管结局是不确定的而权利

① 《自然法》第5版,下卷,第203—206节(Ius Naturae. Editio Vta. Pars posterior §§203—206)。(阿痕瓦尔〔Gottfried Achenwall,1719—1772年〕为哥廷根大学教授,所著《自然法》一书康德于1767—1788年讲授自然法时曾用作教本。——译者)

② 指瑞士自中世纪以来反抗神圣罗马帝国哈伯斯堡王朝并于1648年获得独立,荷兰于1568—1648年反抗西班牙王国哈伯斯堡王朝的起义,英国1642—1660年推翻斯图亚特王朝的革命。——译注

基础却是确定的。然而十分明显的是：就后者而论，——哪怕我们承认，在这样一场反统治者的起义之中（它已经破坏了多少像是joyeuse entrée[欢乐之门][1]那样的一项与人民所订的、实际上是作为基础的契约）并没有任何不义，——人民在以这种方式追求自己的权利时，也犯下了最高程度的不义。因为这样做（当作准则的话）就使得一切合权利的体制都靠不住，并且导致至少也要使一切权利都要停止再起作用的那样一种全然无法律的状态了（status-naturalis[自然状态]）。由于有那么多思想良好的作家们对人民都怀有这种（导向他们自身毁灭的）倾向，我就只要说明：那原因部分地就在于谈到权利的原则时而以幸福的原则代替了他们的判断这一常见的混淆，部分地则在于找不到任何文件表明有一个确实向共同体所提供、为共同体的领袖所接受并为双方所批准的契约[2]时，他们却把这种永远是基于理性的原始契约观念当作必定是在实际上曾经出现过的某种东西，所以就认为人民永远有权根据粗率地而又随心所欲地断定原始契约已经被他本人破坏而撤销它[3]。

这里我们显然可以看出，幸福原则（确切说来它根本就够不上

① 指1354年布拉邦(Brabant)公爵约翰第三同意颁布给布拉邦的宪章，宪章中规定公爵须维护公国的完整，不征询市议会时不得宣战、媾和或征税。——译注

② 此处“契约”指政治社会的原始契约。——译注

③ 即使是人民与统治者的真实契约遭到了破坏，那么人民这时候也不是作为共同体而只是通过派别在进行对抗的。因为此前所建立的体制已经被人民所摧毁，而新的共同体尚有待组成。于是就出现了无政府状态及其至低限度也是由此而可能具有的全部恐怖；这时候所发生的不义就是人民的每一方所加之于另一方的东西了，正如下述事例可以表明的：即，每个国家造反的臣民最后都互相用暴力要把一种远比被他们所抛弃的那种体制更有压迫性的体制强加于对方；也就是说，并不是他们在一个统治着全体的领袖下面可以期待着更加平等地分担国家重负，反而是他们会被教士和贵族所吞噬的（这几句话系针对当时法国大革命而发——译者）。

是什么明确的原则)在国家权利方面也会引起恶果的,正像它在道德方面所造成的一样,哪怕是它们的说教者怀着最良好的愿望。主权者想根据自己的概念使人民幸福,于是就成了专制主;人民不想放弃自己追求自身幸福这一普遍的人类要求,于是就成了反叛者。如果我们首先问一下,什么是合权利的(它那原则是先天确定的,是任何经验派所无法加以抹杀的),那么社会契约这一观念就会始终享有无可争辩的威望了,但并不是作为事实(像是丹东[①]所设想的那样,据他宣称:没有这种事实,则现实存在的公民体制中全部现有的权利和全部的所有制就都是空洞无效的),而仅只是作为一般地评判任何公共权利体制的理性原则。于是我们就会看出:在公意存在以前,人民对自己的主宰者根本就不具备任何强制权利,因为唯有通过他,才能合权利地行使强制。但是如果已经有了公意,人民也同样地对主宰者不能使用强制,因为那样一来他们本身就会是最高无上的主宰者了,因而,人民也就永远都没有任何强制权利(在言论上或行动上的对抗性)来反对国家领袖。

我们还可以看到,这一理论也在实践上得到了充分证实。在大不列颠的体制中,——那里的人民把他们自己的宪法认为是如此之伟大,就仿佛它是全世界的典范似的,——我们却发现关于君主若是破坏1688年的契约[②]的情形下人民所应有的权限问题竟

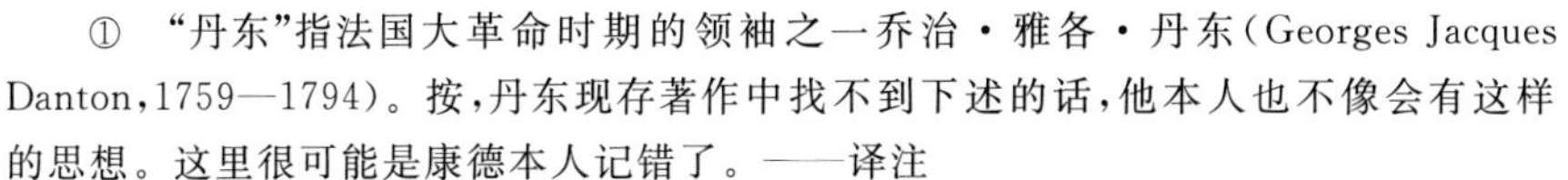

① “丹东”指法国大革命时期的领袖之一乔治·雅各·丹东(Georges Jacques Danton,1759—1794)。按,丹东现存著作中找不到下述的话,他本人也不像会有这样的思想。这里很可能是康德本人记错了。——译注

② “1688年的契约”指1688年英国“光荣革命”推翻国王詹姆士第二后,国会规定英国王位嗣后由奥兰治家族的威廉第三与玛丽和他们两人的新教后裔所继承。——译注

绝口不谈，因而当君主想要破坏契约时，因为并不存在有关的法律，所以人民也就秘密地保留着可以造他的反。而宪法在这种情况下若是包括有一条法律，授权人民去推翻一切个别法律所由以产生的那种现存体制，(假如契约遭到破坏的话)，那就是一种明显的自相矛盾了。因为这时候它就必须包括有一种公开规定[①]的对立力量，因而也就是必须有第二个国家领袖针对着第一个来保卫人民的权利，但又还得有第三个来裁决双方之中哪一方是正义的。——可是那些人民领袖(或者如果我们愿意，就叫作保护人)却担心如果他们的企图遭到什么挫折的话，就会有这样一种指责，所以宁肯杜撰一种被他们驱逐的君主乃是自愿逊位的说法，而不自命有废黜王位的权利，因为那样一来他们就会公然自相矛盾而破坏这个体制了。

如果人们确实并没有由于我的这一主张就指责我，说我是用这种不可侵犯性过分地去谄媚君主，那么我也希望免于另一种指责，即我的主张过分地偏袒了人民，假如我要说人民也同样地有其不可遗弃的反国家领袖的权利，尽管那不可能是强制权利。

霍布斯有着相反的见解。按他的说法(《公民论》第 7 章，第 14 节)，国家领袖并不由于契约而受人民的任何拘束，他不可能对公民犯下不义(他可以对公民任意驱遣)。——如果我们把不义理解为一种损害，它允许受害者对于向自己做出了不义的人有一种

① 国家中的任何权利都不得好像是由于有一项秘密保留而狡猾地保持缄默，至少不能是人民自称为属于宪法的那种权利；因为它的一切法律都必须设想为是出自一种公开的意志。因此，如果宪法允许反叛，它就必须公开阐明这样做的那种权利以及应该以怎样的方式加以运用。

强制权利,那么上述命题就会是完全正确的。但若是普遍如此,这条命题就太可怕了。

不反抗的臣民一定要能够假定自己的统治者并不想要对自己做出不义。因为既然每一个人都有自己不可离弃的权利,那是他不可须臾放弃的(哪怕他想要这样),并且是他自己有权对此加以判断的。而在他的意见里,他所遭遇的不义,根据上述假设,又只能是出于错误或者是出于最高当权者对法律的某些后果的无知,所以国家公民就必须有权,而且还是在统治者本人的赞许之下,公开发表自己的意见,说明统治者的处置有哪些在他看来对于共同体是不义的。因为要是假定领袖绝不会犯错误或者是能够无事不知,那就把他说成是特蒙上天的启示而超出人类之上了。因此,言论自由就是人民权利的唯一守护神,——但须保持在尊敬与热爱我们生活于其中的体制这一限度之内,并通过体制本身也要促进臣民的自由思想方式,(而且各种言论彼此也互相限制,从而它们才不致丧失自己的自由。)因为要是想否定人们的这种自由,那就不仅仅等于是(按霍布斯的说法)剥夺了他们对最高统帅有任何权利的全部要求,而且还取消了最高统帅——他的意志仅仅是由于它代表普遍的人民意志,才能对作为公民的臣民发号施令,——有关他得以进行自我纠正(假如他愿意的话)的全部知识并把他置于自相矛盾的地位。但是要怂恿领袖去担心独立思想与公开思想竟可能激起国内的不安,那就等于是唤起他不信任自身的力量,而且还仇视自己的人民了。

一族人民所据以消极地、也就是单纯地判断什么可以认为是最高立法并未以自己最善良的意志加以制定的东西,其普遍原则

可以归结为如下的命题：凡是人民所不会加之于自身的东西，立法者也不得加之于人民。

例如，当问题是：宣布某种曾经一度奠定的教会体制永世长存的那种法律，是不是可以看作出自立法者自身的意志(他本人的观点)？那么我们就得首先问：一族人民是不是可以自身制定法律，使某些曾一度采用过的信仰命题和外表的宗教形式垂之永久；因此还有，是不是它本身就可以防止它的后代在宗教理解上继续进步，或纠正古来的某些错误？显然的是，一项人民的原始契约而把这些都订为法律，则其本身就会是空洞无效的，因为它违反了人类的天职和目的。因而这样规定的法律就不能看作是君主本身的意志，何况对于君主也是可以提出反对意见的。——然而凡是在最高立法已做出某些类似规定的一切情况下，虽则对它们可以进行普遍的和公开的评判，但却决不能对它们公然在口头上或行动上加以违抗。

在每个共同体中，都必须既有根据(针对全体的)强制法律对于国家体制机械作用的服从，同时又有自由的精神，因为在有关普遍的人类义务问题上，每一个人都渴望通过理性而信服这一强制是合权利的，从而不致陷于自相矛盾。有服从而无自由的精神，乃是促成一切秘密结社的原因。因为彼此互通声气乃是人类的天然任务，尤其是在普遍涉及人类的事情上。因此如果这种自由得到维护，秘密结社就会解体的。而且一个政权又还能从哪里去获得为它自己的根本观点所必需的知识呢，假如不是让在其起源上以及在其作用上都是那么值得尊敬的自由的精神表现出来的话？

*　　　*　　　*

忽略一切纯粹理性原则的实践，在任何问题上都不如像在需要一个良好的国家体制这个问题那样，是以更大的狂妄在否定理论的了。其原因就在于，一种长期存在的法律体制使人民逐渐地习惯于一种规律，即按照迄今为止一切事物所处的那种平静过程的状态来评判自己的幸福以及自己的权利，而并非反之是按照理性所提供给他们手头的有关幸福与权利这两者的概念来评价一切事物的状态。那不如说是宁肯偏爱一种消极的状态，而不要那种追求美好状态的危险地位。（这里就用得上希波克里特[①]嘱咐医生们要牢记在心头的那句话了：Indicium anceps，experimentum periculosum[②]。）既然凡是足够持久的体制，不管它们可能有什么样的缺陷，都以它们全部的不同而得出同一个结果：即，应当满足于他们所处的现状；因此如果着眼于**人民福利**的话，任何理论就都不适用，而是一切都得取决于随经验而来的实践了。

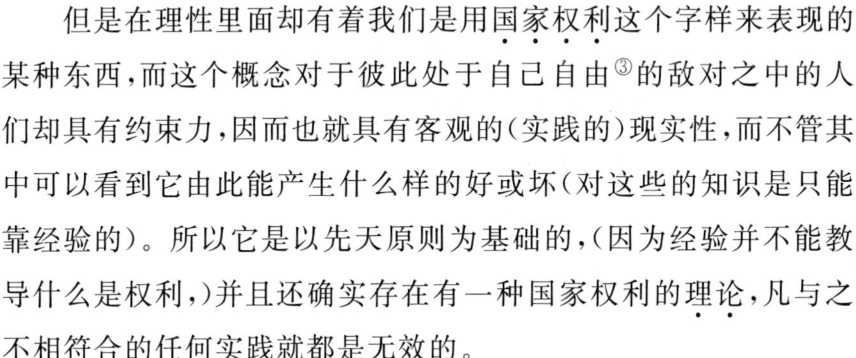

但是在理性里面却有着我们是用**国家权利**这个字样来表现的某种东西，而这个概念对于彼此处于自己自由[③]的敌对之中的人们却具有约束力，因而也就具有客观的（实践的）现实性，而不管其中可以看到它由此能产生什么样的好或坏（对这些的知识是只能靠经验的）。所以它是以先天原则为基础的，（因为经验并不能教导什么是权利，）并且还确实存在有一种国家权利的**理论**，凡与之不相符合的任何实践就都是无效的。

对这一点所能提出的唯一反驳就是：虽则人们的头脑中有着

① 希波克里特（Hippokrates，公元前460—前357年）古希腊医学家。——译注

② ［判断是靠不住的，实验是危险的。］——译注

③ 此处“自由”指自然状态的自由。——译注

属于自己权利的这种观念，然而他们却由于自己的冷酷无情而不能并且不配受到这样的待遇，因此之故，就可以而且必须有一个单纯按照策略的规律而行事的最高权力来维持他们的秩序。但是这一绝望的跳跃(salto mortale)却属于这种性质：即，一旦问题已不是权利而仅仅是权力的时候，人民也就可以试试自己的权力，于是就会使得一切合法的体制都成为靠不住的。如果并不存在什么东西(像人权那样)是理性迫使人们要直接尊敬的，那么对于人类的意愿想施加任何影响来束缚他们的自由便都是不可能的了。但是如果权利还能在好意的一旁大声讲话，那就表明人性还不是如此之腐化，以至于不能满怀敬意地去倾听它的声音。(Tum pietate gravem meritisque si forte virum quem Conspexere, silent arrectisque auribus adstant。[如果他们看到一个人由于他的德行和功绩而受人尊敬，他们就会沉默并站在一旁倾听。][①])

III

论在国际权利上理论对实践的关系

就博爱的亦即世界主义的观点加以考察[②]

驳摩西·门德尔松[③]

人类整个说来究竟是可爱的呢，还是一种应该以厌恶的心情

① 语出魏吉尔《伊奈德》I，第151—152页。——译注

② 一种博爱的前提如何能引向世界公民的体制，并由此而引向国际权利的奠定，作为一种使我们人类配得上可爱的种种人类秉赋得以在其中发展起来的唯一状态呢；这是很不容易一眼看出来的。——本文的结论将表明这种联系。

③ 门德尔松，见前《什么是启蒙运动》。——译注

加以看待的对象呢？我们（为了不至于成为厌世者）是不是真正愿望他们一切都美好，却永远都不期待他们得到，因而也就不如转过眼睛去不加理睬呢？对这个问题的答复取决于我们对另一个问题所做的回答：从人性里面我们是不是可以籀绎出这样一些秉赋来，它们会使人类物种朝着改善前进，并使过去和目前时代的恶都会消失在未来的善之中？因为这样的话，我们就至少还能够爱他们的不断趋向于善，否则的话，我们就必须仇视并鄙视他们了，不管普遍的人类之爱可能提出什么样的反对说法，（它这时候最多也就只会是爱良好的愿望，而不会是爱良好的感情了。）因为凡是而且始终是邪恶的东西，而尤其是预谋相互摧残最神圣的人权，都是我们——哪怕是以极大的努力要激起自己身上的爱——所无法避免要憎恨的；倒不是要再增加人类的罪恶，却是要尽少可能地和它打交道。

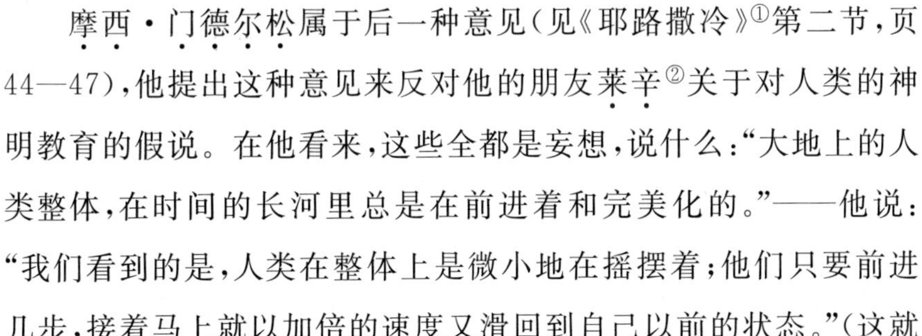

摩西·门德尔松属于后一种意见（见《耶路撒冷》[1]第二节，页44—47），他提出这种意见来反对他的朋友**莱辛**[2]关于对人类的神明教育的假说。在他看来，这些全都是妄想，说什么："大地上的人类整体，在时间的长河里总是在前进着和完美化的。"——他说："我们看到的是，人类在整体上是微小地在摇摆着；他们只要前进几步，接着马上就以加倍的速度又滑回到自己以前的状态。"（这就

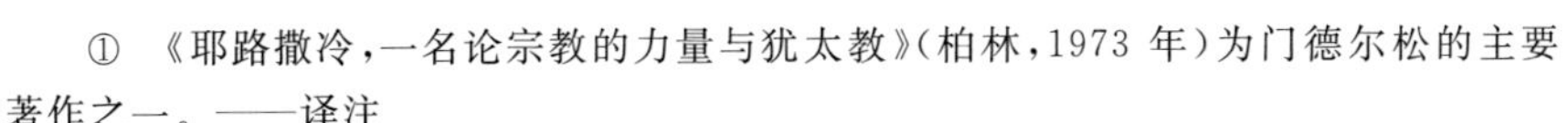

① 《耶路撒冷，一名论宗教的力量与犹太教》（柏林，1973 年）为门德尔松的主要著作之一。——译注

② 戈特霍尔特·艾夫雷姆·莱辛（Gotthold Ephraim Lessing，1729—1781 年），德国作家。以下引自莱辛所著《人类教育》（1780 年）一书。——译注

正好是西赛福斯[1]的石头了，我们就以这种方式像印度人一样地把大地当成是古老的、现在已再记不起来的罪孽的赎罪所。）——“个人是前进的，但是人类却永远是在固定的限度之内上下波动着；人类就整体来看，在所有的时代里大致都保持着同一样的道德水平，同一样的宗教与非宗教的、德行与罪行的、幸福（？）与悲惨的程度。”——他提出这一主张时（页46），是这样说的：“你要猜测天意对人类的目标吗？就请你无须设计什么假说，”（以前他是把这称作理论的，）“只消环顾一下实际上所发生的事情，并且能对一切时代的历史、对自古以来所发生的事情投上一瞥。这些就是事实；这些必定有着一个目标，必定是在智慧本身的计划之中得到赞许的或者至少也是得到采纳的。”

我却是另一种意见。——如果说看到一个有德的人与逆境和罪恶的诱惑进行斗争，那真是一幕配得上神明的景象，那么看到人类一个时代又一个时代地朝着德行迈进，然后又马上重新堕落到罪恶的悲惨的深渊里去，那就真是一幕我不用说是神明而且就连最普通的但思想良好的人也一点都配不上的景象了。这样的悲剧只观赏片刻，或许还可能是动人的并且有启发性，但是幕最后总得要落下来的。因为从长期看来，那就成为一场滑稽剧了。而且纵使演员们乐此不疲，因为他们都是些蠢人；可是观众却会疲倦的，他看过这一幕或那一幕也就够了，假如他从其中有理由可以推断，这场永不终止的演出是永远同一个样的。如果它纯是一场演戏，那么随终场而来的报应，确实还可以重行补偿演出过程中的不愉

① 西赛福斯见本书《重提这个问题：人类是在不断朝着改善前进吗？》。——译注

快的感受。可是事实上竟然容许数不胜数的罪恶（纵使是穿插着德行）积累成堆，以致有朝一日都要得到报应，这在我们的概念里却至少也是违反一个聪明的世界创造主和君临者的道德的。

因此，我就可以推断：既然人类在文化方面，作为其本身的自然目的而言，是在不断前进的，所以也就可以想象他们在自身存在的道德目的方面也在朝着改善前进，而且这一点尽管时而被打断，但却决不会中断。我并不需要证明这个假设，倒是对方必须来证明它。因为我依据的是我自己天生的义务，即一系列世代的每个成员——我（作为一般的个人）是其中的一员，而我在所要求于我的道德品性上却没有像我所应该的、因而也就是所可能的那么好，——都会这样地影响到后代，使他们永远可以变得更好（因此也就必须假定这一点是有可能性的），并使这一义务可能合法地从每个世代的一个成员遗传给另一个。根据历史也可以对我的希望提出很多怀疑；如果它们能够被证实，就会促使我放弃一桩表面看来是徒劳无功的工作了。但是只要这一点并不能得到十分确定，那么我就不能以（作为 liquidum[确定的东西]的）义务去换取那条不尝试就办不成事情的智虑规律（作为 illiquidum[不确定的东西]，因为它纯属假说）。而且对于人类究竟是否有希望更好，无论我可能是多么地不确定并且始终如此，可是这一点却不能妨害这一准则，因而也就是不能妨害在实践观点上的那条必要的假设，即进步是做得到的。

没有这种对于更美好的时代的希望，任何要为普遍的福祉做点有益事情的真诚愿望都不会炙暖人心的，而这种希望在任何时候都曾影响到思想良好的人们的行为。而这位善良的门德尔松，

当他如此之热心致力于自己所属的那个国家的启蒙和福利时，也必定曾计及到这一点的。因为若不是别人也跟着他后面在这条道路上继续进步的话，他也就不可能希望以理性的方式亲自去做这些事了。在不只是人类由于自然的原因所遭受的灾难、而且更其是人类自身彼此之间所造成的灾难这一可悲景象的面前，我们的心灵乃是通过人类未来有可能变得更好的这一展望而被激发起来的；而且还得要具备大公无私的好意，假如我们会是早就进了坟墓而收获不到我们自己所曾部分地播过种的那些果实的话。这里要以经验的证据来反对这种得自希望的决心的成功，那是全然用不上的。因为迄今为止所没有成功过的东西，因此之故便永远也不会成功，这种说法甚至于就连说服人放弃一个实用的或技术的目标都办不到，（例如用空气静力学的气球进行航空的这一目标）；而对于道德的目标就更办不到了，道德目标的履行当其在指证上并不是不可能的时候，就成为义务。此外，还可以有许多证据表明：人类整个说来在我们的时代里确实比起已往的一切时代来，在道德上做出了非常可观的改善（短期的阻滞并不能证明任何相反的东西）；而且关于人类的腐化正不断增长的这种叫喊，却恰好是来自他们在站到更高一级的道德水平上时，他们就向前看得更远；越是随着我们在整个我们已知的世界历程中上升到更高的道德水平，他们对我们实然的样子的判断，与我们所应当是的那种样子相形之下，因而亦即我们的自责，也就越发严厉。

如果我们要问：用什么办法才能保持乃至加速这种朝着改善的永远前进，那么我们马上就看到，这一通向无可估计之远的成就倒并不那么有赖于我们做出了什么事情，（例如，有赖于我们给予青年一代的教育,)以及我们采取什么办法来推进它,反而有赖于人性在我们身上并通过我们将会做出什么事情来把我们强行纳入一种我们仅凭自己是不大容易适应的轨道。我们唯有从它那里,或者不如说(因为完成这一目的就需要更高的智慧)从天意那里,才能期待这一成就,那首先是作用于全体,然后由此而作用于局部。反之,人类及其规划却仅仅是从局部出发,并且只不过是停留在局部上,全体这样一种东西对于他们是太大了,那是尽管他们的观念能够、而他们的影响却是不能够到达的,尤其是因为他们在他们的规划上互相冲突,很难出于自己本身的意图而在这上面联合一致。

只要全面的暴力行动以及由此而产生的需要,终于必定使人民决定要服从理性本身作为手段而向他们所规定的强制,即公共法律的强制,并进入一种国家公民的体制,那么同样地又由于各个国家力图互相侵占和征服的经常不断的战争而来的需要,也就最后要引他们甚至于是违反自己的意志,或则是进入一种世界公民的体制。或则是假若这样一种普遍和平的状态(正如国家过大所曾多次发生过的那样)从另一方面对于自由变得更加危险,即可能由此导致最可怕的专制主义,那么这种需要就必定迫使他们进入另一种状态,那种状态确实并不是什么在一个领袖之下的世界公民共同体,而是一种根据共同协议的国际权利而来的合法的联盟状态。

既然各个国家文化的增进,以及同时也在增长着的要用诡计或武力、以别的国家为代价而进行扩张的那种倾向,会使战争成倍地增多,并且由于(以现行的军饷而言)经常扩充的、保持着戒备和

训练的、战争器具供应量越来越多的军队，必定要造成费用越来越高；同时一切必需品的价格持续在增高，却不能希望付给他们的现金也与之成比例地增加：既然没有任何和平能那么持久，可以使这一期间的积储能偿付下一次战争的耗费，而为此所发明的国债制度虽则很巧妙，但最后却成为毁灭自己本身的工具，所以衰竭无力就必定要经于成就善意所应该做到却并没有做到的事情：即，每个国家在自己内部都将这样组织起来，使得不是由战争严格说来对他并无负担的国家领袖（因为他是以别人、也就是以人民为代价在进行战争的），而是由在担负着战争的人民来掌握究竟应该进行战争与否的决定权。（这就当然必须假定已经实现了原始契约的观念。）因为人民是不会由于单纯的扩张愿望或者是为着想象中的纯属语言文字上的冒犯的缘故，便轻易把自己置身于与领袖是毫不相干的个人贫困之中的。所以后世（他们身上不会有任何无辜压迫着自己的负担）也就能够总是朝着道德意义上的改善前进，那原因倒不是对后代的爱而只是每个时代的自爱。于是每个共同体既不能够以武力去伤害另一个，就必定只好自行维护权利，并且还可以有理由希望同样形成的其他共同体在这上面会来帮助它。

但这却只不过是一种意见，而且纯属假说，其无从肯定就正像想要给一种意想中的、并非完全是我们力所能及的作用指出一种唯一与之相称的自然原因的一切判断一样。而且即使是作为这样一种东西，它在已建成的国家中也并不包括一条原则可以让臣民们去强制实行它（正如上面已经表明的），而只是让不受强制的国家领袖去这样做。鉴于按照通常的秩序，人性之中确实是并不会有自愿地减少使用武力，尽管那在紧迫的情况下却不是不可能的，所以我们就可以(由于意识到自己的无能为力)提出一种与人类的道德愿望与希望并非不相称的说法,即为此所必需的情况就只好期待于天意了:这就为人类整个这一物种的目的通过自由运用自己的力量而尽最大可能地达到自己的最终天职提供了一条出路,尽管个人的目的分别加以考察时,却在其中恰好是互相对抗的。因为恰好是成其为罪恶之源的这种个人倾向的对抗性,才使得理性得以在其间自由活动并扫数征服它们,于是就不是使自己会毁灭自己的罪恶,而是使一旦存在之后就能一直自己维护自己的善良占有统治地位。

*　　　*　　　*

人性表现得最不值得受尊敬的地方,莫过于在整个民族彼此之间的关系这方面了。任何时刻都没有一个国家在自己的独立或自己的财产方面,是有安全保障的。彼此互相征服的意志或者说侵犯对方的意志,是任何时候都存在的;用于防务的军备——那往往使得和平甚至于比战争还更加压迫人、更能摧残内部的福祉,——是永远也不会放松的。对于这些并不可能有什么别的办法,除非是每个国家都要服从一种以配备有权力的公共法律为基础的国际权利(可以和个人之间的公民权利或国家权利相类比)。因为通过所谓的欧洲的势力均衡而来的持久的普遍和平,只是一场幻觉罢了。就好像斯威夫特的那所房子一样[①],它由一位建筑师根据全部的平衡定律建造得那么完美,以至于当只不过是一只

① 斯威夫特(Jonathan Swift,1667—1741 年)为英国小说家;此处所引,出处未详。——译注

麻雀栖息在那上面的时候，它马上就倒塌了。——但是人们会说，对这种强制性的法律是决没有哪个国家会屈服的，提议一种普遍的国际国家，每一个单独的国家都自愿地顺从它的威力，听从它的法律，这在圣比尔方丈的或者卢梭[①]的理论里说起来可能是那么动听，但在实践上却是用不上的，因为它们总是被大政治家们而更其是被国家领袖们讥笑为是一种迂腐而幼稚的、来自学院的观念。

与此相反，在我这方面，我却要信赖从个人与国家之间的关系应该是怎样这一权利原则出发的理论。这一理论向地上神明们[②]所推荐的准则是：他们的争论永远都要这样来进行，以致由此可以导向这样一个普遍的国际国家，而且承认因此（in praxi［在实践上］）它既是可能的，还是可以实现的。同时（in subsidium［作为补充］）我还要信赖事物的本性，它强迫我们到我们不愿意去的地方去（fata volentem ducunt，nolentem trahunt［命运引导着愿者，驱遣着不愿者］[③]）。这后一点就仍然要把人性计算在内：既然人性之中对于权利和义务的尊敬总是活生生的，所以我就不能也不愿把人性认为是那么地沦于罪恶，以至于道德-实践理性在经过许多次失败的尝试之后，竟不会终究取得胜利并将表明她还是可爱的。因此，从世界主义的角度看来，下述的论断也就始终是可爱的：凡是根据理性的理由对于理论是有效的，对于实践也就是有效的。

---

① “圣比尔方丈的或者卢梭的理论”，见《世界公民观点之下的普遍历史观念》。——译注

② “地上的神明们”指人类。——译注

③ 按此处引文原文应作：“Ducunt volentem fata，nolentem trahunt”。语出赛涅卡《书翰集》，107，11。——译注

译名对照表

Abbé von St. Pierre　圣比尔方丈
Absicht　观点、目标
Achenwall　阿痕瓦尔
Aggregat　集合体
Ahriman　阿里曼
allgemeine Geschichte　普遍的历史
allgemeine Weltgeschichte　普遍的世界历史
allgemeine Wille　公意
allgemeingültig　普遍有效
Anlage　秉赋
Antagonismus　对抗性
Antinomie　二律背反
a priori　先天
arkadisch　阿迦底亚式
Aurelius(Marcus)　奥勒里乌斯
Aufklärung　启蒙(运动)
Averroës　阿威罗伊

Barbareske　巴巴利人
Beduine　贝多因人
Befugnis　权、权限
Begebenheit　事件
Begriff　概念
Beni Haled　贝尼·阿列德
Beschaffenheit　品质
Besitzstand　占有地位
Bestimmung　天职、命运
Bewußtsein　意识
Bouterwek　布特维克
Brabant　布拉邦
bürgerliche Gesellschaft　公民社会
bürgerliche Vereinigung　公民结合
Büshing　布兴

Chiliasmus　千年福主义、千年福王国学说
Commodus　柯莫多斯
Constitution　宪法
Contract　契约

Danton　丹东
Defoe　笛福
Denkungsart　思想方式
Domitian　多米提安

Emanationssystem　发射论
Einbildungskraft　想象力
Eleusis　伊留西斯
Empfindung　感受
Endzweck　终极目的
Entwurf　规划
epikurisch　伊壁鸠鲁式
Ereignis　事变
Erfahrung　经验
Erhard　艾哈德
Erkenntniß　知识
Erlaubnißgesetz　许可法
Erwerbungsart　取得方式
Eudaemonismus　幸福主义

Fähigkeit 才能、资格
Fischer 费舍尔
Fixsternensystem 恒星系
Föderalismus 联邦制度
Foedus Amphictyonum 安斐克提昂联盟
Freiheit 自由

Garve 加尔费
Gebot 诫命、命令
Gebotgesetz 命令法
Gefühl 感觉
Geist 精神
Gemeinwesen 共同体
Gemuth 心灵
Georgii 格奥尔吉
Gerechtigkeit 正义
Geschichtszeichen 历史符号
Geschicklichkeit 技巧性
Geschopf 被创造物、生命
Gesetz 法则、法律
Gesinnung 心性
Gewalt 强权、暴力
Gewiß 良心
Glücklichkeit 幸福
Gothische Gel. Zeitung 哥达学报
Gott 上帝
Grotius 格劳修斯
Grundsatz 原理
Gültigkeit 有效性
Gutartigkeit 善良

Haller 哈勒尔
Hartknock 哈特克诺克
Heiligthum 圣洁
Herder 赫德尔
Hesychius 赫西奇乌斯
Hippokrates 希波克里特
Hobbes 霍布斯
Horazen 贺拉士
Hume 休谟

Icarus 伊卡鲁斯
Idealität 理想性
Idee 观念

Jakobinerei 雅各宾派
Jupiter 朱彼德

Kanon 规范
Kategorische Imperative 无上命令
Kepler 开普勒
Klugheit 智虑、策略
Kraft 能力
Kriterium 标准
Kultur 文化

Lessing 莱辛

Mallet du Pan 马莱·都·邦
Mannigfaltigkeit 多样性
Mass 质材、质量
Materiale 材料
Materie 物质
Maxim 准则
Mechanismus 机械作用、机制
Mendelsohn 门德尔松
Menschheit 人道
Menschrecht 人权
Moralitat 道德性
Moses 摩西
Mündigkeit 成熟状态
Mutmaßung 臆测

Natürliche Recht 自然权利
Naturgaben 天分
Naturlehre 自然论

Naturplan 自然的计划
Newton 牛顿
Nötigung 强制

Organization 机体
Ormuzd 奥尔穆兹德
Ostyak 奥斯特雅克人

Paradox 悖论
Pescheräs 佩沙拉人
Pflicht 义务
philosophische Geschichte 哲学的历史
Phrygia 弗赖吉亚
Pope 蒲伯
Postulat 公理
Ptolemäer 多勒米王朝
Publizität 公开性、公共性
Publikum 公众
Puffendorf 普芬道夫

Realität 现实性
Recht 权利(法、正义)
Regel 规律
Regierung 政权、政府
Robinson 鲁滨逊
Rohigkeit 野蛮状态
Rousseau 卢梭

Samojed 萨摩雅德人
Schech 晒克
Schopfung 造化
Sisyphus 西赛福斯
Sitten 德行
Socialcontract 社会契约
Sollen 当然
Sonnerat 松内拉特
Souverän 主权者
Staat 国家
Substanz 实质
Swift 斯威夫特

Tautologie 同义反复
Thätlosigkeit 无所作为
Theodicae 辩神论
Thucydides 修昔底德
Titus 铁图斯
transcendent 先验的
Tycho 第谷

Übersinnliche Welt 超感世界
Unendlichkeit 无限性
Ungesellige Geselligkeit 非社会的社会性
Ungeselligkeit 非社会性
Unitarier 单一论者
Unmündigkeit 不成熟状态
Unrecht 不义
Unvertragsamkeit 不合群性
Urteil 判断
Urteilskraft 判断力
Urwesen 原始实体

Vattel 瓦代尔
Veda 吠陀经
Verabredung 约定
Verbindlichkeit 责任
Verbot 禁令
Verbotgesetz 禁令法
Vereinigung 结合
Verfassung 体制
Vermögen 才能、能量
Vernunft 理性
Verstand 悟性、理解
Vertrag 契约
Völkerbund 各民族联盟
Völkerrecht 国际权利
Vollkommenheit 完美性

Vorsehung 天意
Vorstellung 表象、观点

Wahrscheinlichkeit 概率、概然性
Weltbürger 世界公民
Wert 价值
Wille 意志
Willkür 意愿
Windischgrätz 温狄士格莱茨
Wohlbefinden 安乐
Würde 尊严

Zendavesta 信达维斯塔(亚吠陀)经
Ziel 鹄的
Zoroaster 琐罗亚斯特
Zufälligkeit 偶然性
Zusammenhang 普遍联系
Zustand 状态
Zweck 目的
Zwecklosigkeit 无目的性
Zweckmäßigkeit 合目的性

图书在版编目(CIP)数据

历史理性批判文集/(德)康德著;何兆武译.—北京:商务印书馆,2017
(汉译世界学术名著丛书:120年纪念版:珍藏本)
ISBN 978-7-100-14849-8

Ⅰ.①历… Ⅱ.①康… ②何… Ⅲ.①历史哲学—德国—近代—文集②政治哲学—德国—近代—文集
Ⅳ.①B516.31-53②K01-53

中国版本图书馆CIP数据核字(2017)第161214号

汉译世界学术名著丛书
(120年纪念版·珍藏本)
历史理性批判文集
〔德〕康 德 著
何兆武 译

商 务 印 书 馆 出 版
(北京王府井大街36号 邮政编码100710)
商 务 印 书 馆 发 行
北 京 冠 中 印 刷 厂 印 刷
ISBN 978-7-100-14849-8

2017年12月第1版 开本710×1000 1/16
2017年12月北京第1次印刷 印张14¼
定价:72.00元